ENTRETIENS FAMILIERS

SUR

L'ADMINISTRATION DE NOTRE PAYS

L'IMPOT

ET LES FORMES VARIÉES QU'IL AFFECTE

Châteauroux — Imp. Nunzi, MAJESTÉ, successeur

ENTRETIENS FAMILIERS

SUR

L'ADMINISTRATION DE NOTRE PAYS

L'IMPOT

ET LES FORMES VARIÉES QU'IL AFFECTE

PAR

MAURICE BLOCK

MEMBRE DE L'INSTITUT

PARIS

BIBLIOTHÈQUE DES JEUNES FRANÇAIS

J. HETZEL ET Cⁱᵉ, 18, RUE JACOB

Droits de traduction et de reproduction réservés

TABLE DES MATIÈRES

ENTRETIENS FAMILIERS

SUR

L'ADMINISTRATION DE NOTRE PAYS

L'IMPOT

ET LES FORMES VARIÉES QU'IL AFFECTE

CHAPITRE PREMIER

CARACTÈRE DE L'IMPOT.

Gaston, on le sait, avait suivi à Paris des conférences sur le budget[1] ; de retour à Monteaux, il aimait à en parler dans les petites réunions du soir, chez le voisin Lefèvre. On s'y intéressait beaucoup, et le père de Gaston, M. Laurentin, qui était conseiller général, fut prié de vouloir bien permettre à la société « de puiser au trésor de son expérience ». C'est M. Lefèvre qui s'exprima ainsi, avec un petit sourire, pour se moquer de sa propre emphase.

1. Voy., dans les *Entretiens familiers*, le volume BUDGET.

« Voyons, que me demandez-vous, dit M. Laurentin ; vous ne voulez pas que je vous fasse des conférences sur les impôts ?

— Non, pas de conférences, s'écria M. Martin ; je serais obligé d'écouter tout le temps et de me taire ; j'aime mieux pouvoir placer un mot à l'occasion et exprimer mon opinion. J'aime aussi contredire, discuter, que sais-je ? Non, pas de conférence, causons librement.

— C'est ce qu'il y a de plus simple, fit-on remarquer de plusieurs côtés.

— D'autant plus, ajouta M. Lefèvre, que la matière nous est familière ; même les enfants savent ce que c'est que l'impôt.

— Je le crois bien, dit Jean. L'impôt ? mais c'est l'argent qu'on porte chez le percepteur.

— Oh ! ce n'est pas le seul. Il y a de l'impôt jusque dans l'argent qu'on porte chez l'épicier et chez le marchand de vin, fit observer M. Martin ; il y en a peut-être dans chacune de nos dépenses.

— Cela prouve qu'il en faut beaucoup.

— Peut-être trop !

— Mais non, dit Gaston. J'ai vu le tableau des dépenses ; toutes me paraissent justifiées. Il faut des écoles, des routes, des ports, une armée, une marine et le reste.

— Cela n'empêche pas qu'on pourrait faire des économies, dit M. Martin.

— Il faut toujours demander des économies, dit M. Laurentin en riant; seulement il n'est pas toujours facile de trouver le moyen d'en faire.

— Oui, fait remarquer M. Lefèvre, il est toujours plus facile de dire que de faire.

— La plus grande difficulté, dit M. Laurentin, c'est de se mettre d'accord. Il en est du grand ménage de l'État un peu comme du petit ménage du premier particulier venu. Suffit-il d'avoir six chaises dans telle pièce ou en faut-il neuf? faut-il couvrir les murs de papiers à un franc ou de papiers à deux francs? Ou aussi, toujours dans le budget du ménage, faut-il favoriser la nourriture, ou la toilette, ou le logement, ou d'autres dépenses, et dans quelle mesure? On comprend que les avis peuvent être différents, et que chaque avis peut s'appuyer sur quelque bonne raison, ou sur quelque raison spécieuse, c'est-à-dire qui n'est bonne qu'en apparence.

— L'essentiel est, fait observer M. Lefèvre, de ne pas dépasser ses revenus.

— Mais cela ne s'applique pas à l'Etat, dit M. Martin; celui-là a autant de revenu qu'il en veut.

— Autant qu'en vote le Parlement, rectifia Gaston.

— Le Parlement en vote tant qu'on lui en demande, dit M. Martin.

— Vous êtes injuste, mon ami, répond M. Laurentin, ou vous ne lisez pas les débats des Chambres, qui sont composées de nos mandataires, des élus de la nation. Les refus sont fréquents, mais il faut bien accorder le nécessaire à l'État.

— Les dépenses votées par les Chambres ont, en effet, toutes pour destination le bien du pays, l'intérêt général.

— Tous ceux qui habitent le pays doivent donc y contribuer.

— Selon leurs moyens !

— Bien entendu, selon leurs moyens. Si l'on demandait à quelqu'un plus qu'il ne peut donner, il ne le donnerait pas, car à l'impossible nul n'est tenu.

— La loi dit que chacun doit être imposé selon ses moyens, ou « selon ses facultés », et généralement il est tenu compte de cette prescription.

— Il ne faut pas non plus que l'ensemble de la nation soit surchargé d'impôts ; lorsque la charge est trop grande, elle écrase les citoyens, dit M. Martin, qui aimait discuter et contredire.

— Il faut cependant que les besoins nationaux soient satisfaits.

, — C'est l'affaire des députés et des sénateurs de mettre dans l'un des plateaux de la balance les besoins de la nation et dans l'autre ses ressources, de peser, et de comparer avec soin les deux plateaux. Une nation riche peut se permettre plus de dépenses qu'une nation pauvre ; mais, en tout cas, des proportions intelligentes doivent être gardées entre les ressources et la satisfaction des besoins.

— Est-ce qu'on ne pourrait pas établir des principes ou des règles pour la quantité d'impôts qu'une nation peut supporter ? demanda Gaston.

— Si tu demandes, répondit son père, quelle proportion il doit y avoir entre l'ensemble des revenus de tous les citoyens formant la nation, et le chiffre perçu sur eux sous le nom d'impôts, il sera difficile, sinon impossible, de te donner une réponse rigoureuse. Les besoins spéciaux que l'État est chargé de satisfaire font partie de l'ensemble des besoins humains, mais est-il seulement facile de dire quelle fraction de son revenu particulier chaque personne doit dépenser en logement, en nourriture ; combien pour le vêtement, combien pour l'instruction, la salubrité, la sécurité, etc., etc. ?...

— Mais l'État ne s'occupe pas de la nourriture, du vêtement, etc., des citoyens, objecta l'un des assistants, il n'est chargé que de satisfaire aux besoins collectifs, besoins politiques, économiques, sociaux.

— D'accord, répondit M. Laurentin, mais les citoyens font partie de l'État, et c'est eux qui fournissent les fonds qui lui sont nécessaires ; enfin, c'est dans leur intérêt que les dépenses se font. Il est donc naturel qu'on se demande combien, par 100 francs de revenu, un citoyen doit réserver pour pouvoir contribuer aux dépenses générales.

— Et cette proportion, demanda M. Martin, la sait-on ?

— Elle n'a rien de fixe et doit varier d'un État à l'autre. On ne peut faire, sur ce point, que des conjectures.

— Mais, reprend Gaston, si l'on ne peut établir des règles générales sur la part du revenu que chacun doit à l'État, il existe peut-être des principes sur la manière d'établir les impôts. Les impôts doivent avoir des caractères généraux ; ils sont bons ou mauvais selon qu'ils ont telles ou telles qualités ; — mais quelles sont ces qualités?

— Les principes que tu cherches, mon fils, sont connus, répond M. Laurentin. Un savant illustre, Adam Smith, les a formulés à peu près en ces termes ; je les mets seulement en langage plus moderne.

Première maxime. Les citoyens doivent contribuer aux dépenses de l'État, chacun autant que possible, selon ses facultés, c'est-à-dire en proportion de ses revenus.

— Cette maxime, nous la connaissons, dit M. Lefèvre, *l'impôt doit être proportionnel*. Et si l'on dit, « autant que possible, » cela s'applique au législateur, ou même au répartiteur plutôt qu'au citoyen.

— Oui, la proportionnalité est difficile à réaliser, mais nécessaire.

— Est-ce bien *proportionnel* qu'il faut dire ? demanda M. Martin, il me semble que c'est vers l'impôt *progressif* qu'on doit tendre.

— Je maintiens le mot proportionnel, dit M. Laurentin. Si j'ai 100 francs de revenu, je dois 10 francs ; si vous avez 200 francs de revenu, vous devez 20 francs, en supposant que la cote soit de 10 0/0. C'est l'égalité devant l'impôt. D'ailleurs, il y a ici une règle fixe, la même pour tous : 10 0/0. L'impôt progressif, c'est l'inégalité : je paye 10 0/0, vous 15 0/0, un autre 20 0/0, et ainsi de suite. C'est donc aussi l'arbitraire : moi 10, vous 15, pourquoi pas 14 ou 16 ? Personne ne peut donner une raison pour de pareilles cotes ; c'est son *idée*, mais non la justice qu'il expose.

— C'est que les gens riches peuvent en supporter davantage, exclama M. Martin.

— Il ne s'agit pas, dit gravement M. Laurentin, de ce que les gens riches peuvent supporter, mais de ce qu'il est de leur devoir de payer.

— Que dirait-on d'un patron, fit remarquer à son tour M. Lefèvre, qui dirait à un ouvrier : « Vous, Pierre, vous travaillerez au même prix une heure de plus, car vous êtes plus fort. »

— Mais cet exemple ne s'applique pas à la question, objecta M. Martin, puisque le patron ne donne pas plus de salaire, il n'a pas droit à plus de travail.

— Eh bien, reprit M. Lefèvre, l'État ne rend que deux fois plus de service en protégeant une fortune de 2000 fr. qu'en protégeant une fortune de 1000; il ne peut donc pas demander au propriétaire de 2000 fr. plus du double qu'à celui de 1000 fr.

— Nous reprendrons cette question une autre fois, si vous voulez ; revenons en attendant à Adam Smith.

Deuxième maxime. L'impôt que chaque citoyen doit payer doit être certain et non arbitraire.

— Cette maxime est contraire à l'impôt progressif, dit Gaston.

— En effet, fit remarquer M. Lefèvre, la progression est toujours arbitraire. la proportion toujours certaine.

— Je ne sais si Adam Smith a pensé à cette interprétation ; il voulait surtout, je crois, que le taux des taxes fût fixé par la loi. — Continuons :

Troisième maxime. Tout impôt doit être perçu à l'époque et selon le mode que l'on peut présumer le plus commode pour le contribuable.

— Il résulte de cette maxime que l'impôt peut revêtir toutes sortes de formes, dit M. Lefèvre.

— Il explique aussi pourquoi les impôts directs sont payés par douzièmes, parce que c'est plus commode, ajouta Gaston.

— Cela explique en outre, reprit M. Lefèvre, le système des entrepôts qui permet d'ajourner le payement de l'impôt jusqu'au moment où l'on consommera la denrée imposée.

— Il nous reste encore une maxime d'Adam Smith, dit M. Laurentin.

Quatrième maxime. L'impôt doit être conçu de manière à faire sortir de la poche du contribuable le moins d'argent possible au delà de ce qui entre dans la caisse du trésor public.

— Comment pourrait-il sortir plus d'argent de la poche du contribuable, demanda Gaston, puisque l'impôt est voté? on ne peut pas payer au delà, ce semble.

— Certainement non, on ne peut pas payer au delà, répondit M. Laurentin, mais Adam Smith pensait ici aux frais de perception. Ces frais sont votés, par conséquent on les paye; il importe seulement de voter de préférence les impôts qui coûtent le moins à percevoir.

— Les frais de perception sont souvent élevés, fit remarquer M. Lefèvre, parce que les contribuables ne disent pas toujours la vérité. Il y en a beaucoup qui fraudent, ou qui seraient disposés à frauder, s'ils pouvaient. Il faut donc une surveillance, et une surveillance de tous les instants qui est assez coûteuse.

— Est-ce que nos impôts sont établis d'après ces principes? demanda Gaston.

— Autant que possible, répondit son père. Souvent le législateur doit tenir compte des préférences du contribuable, et si les faits ne s'accordent pas toujours avec les principes que nous venons d'étudier, c'est généralement à ces préférences plus ou moins justifiées, ou à des circonstances particulières, qu'il faut l'attribuer. »

CHAPITRE II

DIFFÉRENTES SORTES D'IMPOTS. — IMPOTS DIRECTS ET INDIRECTS, ETC.

« Père, dit le lendemain Jean, M. Martin a dit hier qu'on payait l'impôt au marchand de vin et à l'épicier ; c'est une plaisanterie, cela, n'est-ce pas ?

— Il a dit sous la forme d'une plaisanterie une chose vraie au fond, fut la réponse.

— Oh, je puis expliquer cela, se hâta de dire Gaston : il y a des impôts directs et des impôts indirects. L'impôt sur le vin ou sur le sucre est avancé par le marchand, et le consommateur le lui rembourse...

— Voyons, Gaston, interrompit M. Laurentin, tu vas trop vite, on ne peut pas te suivre. Allons plus doucement. Il faut commencer par dire quelle différence il y a entre les impôts directs et les impôts indirects.

— Les impôts directs sont payés directement par le contribuable à la caisse de l'État, les autres sont avancés par des intermédiaires.

— Je trouve l'explication insuffisante, dit M. Laurentin, et par conséquent elle est inexacte. Le contribuable paye directement beaucoup d'impôts indirects.

— J'aurais dû dire que les impôts directs sont ceux dont la perception se fait en vertu *de rôles nominatifs.* Au commencement de l'année, on inscrit tous les contribuables sur un registre, et l'on note à côté le chiffre de l'impôt qu'il doit supporter. C'est ce chiffre qui est l'impôt direct.

— Gaston parle des contribuables, dit Jean, mais je ne sais pas qui est contribuable.

— Tous les électeurs, répond M. Martin.

— Ma sœur, fit remarquer M. Lefèvre, est inscrite sur le rôle de l'impôt foncier, puisqu'elle a une maison.

— J'oubliais, ajouta M. Martin, que mon voisin, le vieux Barrot, est électeur, et cependant ne paye pas un centime d'impôt, le pauvre homme ; il est donc électeur et non contribuable.

— Les étrangers, au contraire, dit M. Laurentin, sont souvent contribuables, mais ne sont jamais électeurs. On peut définir ainsi le contribuable : tout habitant jouissant de son indépendance, — gagnant sa vie ou vivant de ses revenus, — est contribuable. Au fond, c'est chaque famille qui est inscrite sous le nom de son chef ; si la famille ou le ménage ne se compose que d'une seule personne, homme ou femme, c'est le nom de cette personne qui est porté sur le rôle. La loi fixe les conditions qui rendent l'habitant contribuable.

— Ne pourrait-on pas dire, demanda Gaston, que les contributions directes sont imposées aux hommes et les contributions indirectes aux choses?

— Cette définition n'est pas mauvaise, ou plutôt la distinction séduit par sa netteté, mais elle ne répond pas à la réalité ; on n'est imposé à l'impôt foncier que parce qu'on possède un immeuble, c'est donc la chose — ou le revenu qui en provient qui supporte ici l'impôt direct. Contentons-nous donc de dire que le caractère particulier de l'impôt direct est d'être perçu d'après des rôles annuels, et qu'il peut être payé par douzièmes.

— Les contributions dites indirectes sont encore assez variées ?

— On peut en faire plusieurs classes. Il y a d'abord *l'impôt sur les actes et les mutations.*

— C'est le papier timbré et l'enregistrement.

— Le papier timbré est un mode de perception. Si la loi avait dit seulement : On payera au moins 60 centimes lors de la rédaction d'un contrat, comment le trésor aurait-il pu percevoir cet argent? On a imaginé d'obliger les intéressés à écrire leur contrat sur du papier timbré vendu par l'administration. De même pour l'enregistrement, beaucoup de pièces ne sont valables qu'après avoir été transcrites sur le registre à ce destiné.

— Nous avons aussi les *droits de consommation.*

— Voilà les contributions indirectes les plus caractérisées.

— En effet, il s'agit des droits sur l'eau-de-vie, le vin, la bière et autres boissons, sur le sucre, même sur les voitures et les cartes à jouer. C'est le fabricant ou le marchand qui est tenu d'avancer les droits à l'État ; pour se rembourser, il augmente d'autant le prix de la marchandise. Si le marchand a payé 50 centimes pour le litre de vin et 10 centimes de droits $(50 + 10 = 60)$ et qu'il veuille gagner 10 centimes par litre, il vendra son vin 70 centimes. M. Martin aura donc eu raison de dire qu'on porte l'impôt chez le marchand de vin ; on lui paye par litre les 10 centimes qu'il a avancés en gros. Je suppose ici, pour la commodité des calculs, une somme ronde et unique de 10 centimes ; mais, en réalité, l'impôt diffère selon les villes et, dans une certaine mesure, selon le prix du vin.

« Mentionnons à part une espèce particulière de droits de consommation qu'on appelle les *droits de douane.*

— Ils sont perçus aux frontières?

— Précisément. Presque uniquement lors de l'importation des marchandises ; il n'existe que de rares droits d'exportation.

— Mais les douanes, objecta M. Martin, ne comprennent pas uniquement des droits de consommation, elles renferment aussi un droit protecteur.

— Pas dans tous les pays.

— Je ne comprends pas bien, dit Jean.

— Nous consacrerons une soirée à cette question (Voy. chap. IX), mais aujourd'hui continuons la revue des différentes sortes d'impôts. Or, le droit de douane est en tout cas un droit de consommation à la charge des denrées venant de l'étranger.

— Il y a encore un autre genre de droit de consommation, dit M. Lefèvre.

— Vous voulez parler des *monopoles?*

— Évidemment. Les droits sur le tabac, les poudres à feu et les allumettes chimiques, sont des taxes de consommation. Celui qui ne fume pas, ne paye pas le droit sur le tabac; celui qui ne va pas à la chasse, ne se sert pas de poudre; celui qui emploie le briquet peut se passer d'allumettes chimiques. C'est en consommant qu'on paye.

— Et que veut dire le mot monopole?

— Que le gouvernement s'est réservé le droit de fabrication et de vente.

— Il resterait à mentionner les taxes qu'on paye pour des *services rendus.*

— Par exemple, le port de lettre, le prix du télégramme, et autres?

— C'est bien cela.

— Mais il n'a pas été question des forêts, fit remarquer l'un des assistants.

— C'est que les forêts ne sont pas un impôt. C'est une propriété de l'État. L'État vend son bois comme un simple particulier et en tire un revenu. L'État a d'autres revenus qui ne sont pas des impôts, mais ils sont relativement peu importants. Du reste, nous ne parlons pas aujourd'hui des revenus de l'État, mais des impôts supportés par les citoyens. Veux-tu récapituler, Gaston, les diverses espèces d'impôts dont nous avons parlé?

— Volontiers, répondit Gaston.

« Nous avons :

« Les impôts directs et les impôts indirects qui se divisent en :

Impôts sur les actes et les mutations.

Impôts de consommation, savoir :

1° Taxes intérieures.

2° Taxes sur les marchandises étrangères.

Monopoles.

Taxes pour services rendus.

— J'ai peu ou point d'objections contre ce classement, dit M. Martin; mais j'aurais cependant une observation à faire : je vois peu de contributions directes et beaucoup de contributions indirectes; eh bien, cela ne me plaît pas.

— Et pourquoi cela ne vous plaît-il pas?

— Parce que les impôts indirects ne sont pas proportionnels.

— Ils le sont très souvent, dit M. Laurentin.

— Et comment cela?

— Un des impôts indirects les plus importants, l'enregistrement, est presque entièrement proportionnel. Il en est de même du timbre. La poste et le télégraphe le semblent moins, mais le sont en réalité. Une lettre, sans doute, coûte 15 centimes pour le pauvre comme pour le riche; mais tel pauvre n'affranchit que dix lettres par an et tel riche peut-être plusieurs milliers. Plus les affaires d'une maison de commerce sont étendues, plus sa correspondance est active. C'est la somme totale qu'il faut considérer; or, il est des maisons où la dépense pour la poste s'élève à des milliers de francs.

— Mais, insista M. Martin, pour le vin, le sucre et quelques autres denrées, la dépense est la même.

— Ce n'est pas vraisemblable. Comment pouvez-vous soutenir que le pauvre consomme autant que le riche? S'il en était ainsi, il ne serait pas à plaindre, car, enfin, s'il a autant que le riche, il n'est pas pauvre. Évidemment, le riche consomme plus que le pauvre, et s'il consomme plus, il paye plus. Admettons que certaines taxes ne soient pas proportionnelles, mais l'ensemble des impôts l'est, et c'est là l'essentiel. Et pourtant, si le riche contribue davantage aux frais de l'État, il ne jouit pas de droit supérieur ; le vote du mendiant qui reçoit l'aumône vaut autant que le vote du millionnaire qui la lui donne.

CHAPITRE III

IMPOT SUR LE REVENU ET SUR LES REVENUS. — CON-
TRIBUTIONS PERSONNELLE-MOBILIÈRE ET PORTES-
ET-FENÊTRES. — VALEURS MOBILIÈRES.

M. Martin ne se tint pas pour satisfait des réponses que
M. Laurentin lui avait données. Il avait à cœur de faire
triompher d'une manière absolue la proportionnalité de
l'impôt, il demandait un impôt unique sur le revenu. Rien
que cela.

« Tout le monde, dit-il, doit contribuer aux dépenses
de l'État en proportion de ses revenus, c'est la justice. Or,
je veux toute la justice et rien que la justice. Répondez-
moi à cela, si vous pouvez.

— Certes, dit M. Laurentin, la justice avant tout, mais
est-elle réalisable dans sa pureté absolue? Je ne sais si l'on
y arriverait, même si tous les hommes pratiquaient la
vertu et une vertu d'une pureté absolue, car il n'y aurait
que trop souvent des doutes sur la nature ou la valeur de
l'acte. Je vais, pour me faire comprendre, citer, à titre

d'exemple, un des mille petits faits qu'on trouve dans les journaux. Il y a quelques semaines, il arriva à la fois dans deux villes différentes qu'en l'absence d'un médecin, une mère s'adressa à un pharmacien et demanda un vomitif pour son enfant qui avait le croup. En pareil cas, il y a urgence, car cette maladie est de la plus haute gravité. Dans les deux villes, le pharmacien donna le médicament demandé; mais, dans l'une et l'autre, l'enfant mourut. Les deux pharmaciens furent poursuivis sous l'inculpation d'exercice illégal de la médecine. L'un fut condamné à une peine légère, il est vrai, car il y avait évidemment *au moins* une circonstance atténuante au délit de l'exercice illégal de la médecine; l'autre fut renvoyé absous. Le même fait a donc été jugé différemment par les deux tribunaux: l'un déclara qu'il y avait eu exercice de la médecine, l'autre que le pharmacien avait fait acte d'humanité, qu'il fallait venir au secours d'une personne en danger de mort [1]. De pareilles divergences de vues sur un même fait sont fréquentes; pourtant il s'agit ici de tribunaux, lesquels sont composés chacun de trois personnes qui s'exercent journellement à distinguer le juste de l'injuste. Or,

1. Il convient de dire que le pharmacien puni en a appelé, et que la cour l'a acquitté, mais cette circonstance n'a aucune influence sur l'argumentation.

lorsqu'un individu juge à lui tout seul, n'est-il pas plus souvent exposé à se tromper? Et il y a tant de personnes qui jugent avec précipitation, c'est-à-dire sans réfléchir!

« Dire qu'on *veut* la justice, c'est très bien, mais c'est insuffisant : il faut trouver le moyen de la faire jaillir. Il faudra quelquefois employer de savantes combinaisons pour la dégager et la réaliser. Vous croyez qu'on arriverait à la juste répartition des impôts au moyen de l'impôt unique? avez-vous donc oublié que les gens de mauvaise foi sont nombreux, qu'ils vous empêcheront aisément de voir clair dans leur fortune. Dans ce cas, il vous serait impossible d'être juste. Du reste, il y a des industries et des commerces où l'on ne sait qu'au bout d'un certain temps ce qu'on a gagné, et les gens honnêtes ne pourraient répondre qu'avec hésitation, au moment où il importe de répartir l'impôt.

« Or, l'impôt unique ne peut exister que si tout le monde sait et surtout dit toujours la vérité, quels qu'en soient les effets. Peut-on compter sur cette véracité universelle?

— J'admets, dit M. Martin, qu'il y aurait des fraudes, mais du moins le principe serait sauf.

— J'aime mieux éviter les fraudes, ou du moins les réduire au minimum, ce principe en vaut un autre.

— La suppression de la fraude serait un grand bien.

— Je ne conteste pas. Les fraudes font que les gens honnêtes payent plus que leur dû. Si les impôts sont très élevés, les contribuables honnêtes peuvent en être écrasés, et ce qui serait non moins grave, l'État pourrait ne pas percevoir les sommes qu'il lui faut. En définitive, où il n'y rien, César perd ses droits.

— Du reste, dit M. Lefèvre, si l'impôt était unique, le chiffre en serait si gros, que, souvent, on ne le prendrait pas sur le revenu, mais sur le capital.

— Et quelle différence y aurait-il?

— Quelle différence? Je suppose que j'aie un petit commerce qui me rapporte 1000 francs par an et que je sois porté sur les rôles pour 100 francs. Si je paye par petites portions, j'arrive peu à peu à retrancher les 100 francs de mon revenu; mais si l'on me demandait 50 francs à la fois, à certains moments je serais obligé de me défaire d'une partie de mes marchandises pour payer l'impôt. Ces marchandises sont mon capital; si j'en ai moins, je gagne moins, mon revenu diminue, et si tous les revenus diminuaient, le pays serait appauvri.

— Il me semble, dit Gaston; que l'impôt unique est tout à fait inapplicable. L'État fournirait-il le tabac ou ne le fournirait-il pas? Transporterait-il les lettres pour rien?

Comment ferait-on la distribution de l'impôt par rapport aux lettres. Il y a des personnes qui en reçoivent mille et d'autres qui n'en reçoivent pas du tout ; de quel droit ferait-on contribuer ces derniers aux frais de la poste ? Il faudra donc faire payer séparément le port de chaque lettre. Cela me paraît juste. Ce qui conviendrait, ce serait — si c'est possible — que l'État se fît payer séparément chaque service ou chaque avantage qu'il procure : tant pour la sécurité, tant pour l'instruction, tant pour autre chose.

— C'est un argument comme un autre, dit M. Laurentin, c'est-à-dire qu'il renferme un grain de vérité, mais qu'il ne faut pas le pousser trop loin. Du reste, nous n'avons pas besoin de chercher des arguments ; nous en avons un sous la main qui vaut tous les autres, le voici : les contribuables ne veulent pas de l'impôt unique, ils préfèrent la multiplicité des impôts.

— Eh bien, soit, je cède sur l'impôt unique, dit M. Martin ; que du moins on n'établisse que des impôts directs.

— Cette concession n'est pas à dédaigner, mais elle ne suffit pas, il nous faut encore les contributions indirectes.

— Ah ! celles-là, non, s'écria M. Martin.

— Et pourquoi pas?

— Elles ne sont pas proportionnelles, et on les paye sans le savoir. Il faut que le contribuable sache ce qu'il paye, afin que le gouvernement ne fasse pas un mauvais emploi de l'argent des citoyens.

— C'est toute une batterie d'arguments que vous avez montée là ; il faut donc que je les démolisse l'un après l'autre.

— Je vous attends de pied ferme.

— Et d'abord, il a déjà été prouvé que beaucoup de contributions indirectes sont proportionnelles ; je rappelle seulement ce qui a été dit de l'enregistrement, j'ajoute que nous avons démontré qu'on ne doit pas juger un impôt isolément. Il fait partie d'un tout, comme la carafe d'eau d'un repas ; la carafe n'est pas tout le repas.

« Puis vous voulez que le contribuable sache ce qu'il paye, et pourquoi ?

— Pour faire diminuer les dépenses inutiles.

— Je ne vois pas quel rapport il y a entre ce savoir et cette diminution. Pas un centime n'est dépensé sans avoir été voté par nos représentants ; que voulez-vous de plus? Que chaque individu soit consulté? Cela est-il possible? Et si l'on pouvait, est-ce que les décisions seraient meilleures. Du reste, bien des choses sont inscrites sur l'avertissement que vous envoie le percepteur; vous ne vous donnez même pas la peine de les lire; vous regardez le chiffre, et c'est tout.

— Je crois, dit en riant M. Lefèvre, que nous discutons un peu en l'air. Il y a toujours des gens qui aiment à rêver sur le bonheur universel, sur le contentement général, sur l'accomplissement de tous nos désirs; je préfère rester dans la réalité, avoir les yeux ouverts et la pensée éveillée. Et, en cet état, je trouve que notre système d'impôt renferme un impôt sur le revenu et même plus d'un, selon qu'on envisage la chose.

— Vous allez me parler de l'impôt mobilier?

— Oui, cher voisin .et d'autres impôts encore.

— De l'impôt personnel, sans doute? dit Gaston.

— Pas précisément, répondit M. Lefèvre. L'impôt personnel est une capitation, c'est-à-dire une taxe égale par tête. Lorsqu'on l'a institué on a dit : Puisque tout le monde exerce des droits, il faut que tout le monde remplisse des devoirs; nous allons donc créer un tout petit impôt, que chaque citoyen, pauvre ou riche, aura à supporter : le pauvre [1] ne payera que cela, le riche contribuera de toutes sortes d'autres manières aux dépenses de l'État.

---

1. L'indigent est même exempté du payement de cet impôt.

— L'impôt personnel est sensé équivaloir au montant de trois journées de travail, et ce montant, le conseil général de chaque département le fixe, selon les circonstances locales : le prix de la journée ne doit pas être inférieur à 50 centimes, ni supérieur à 1 fr. 50. En réalité, la journée de travail rapporte bien davantage, la charge n'est donc pas lourde.

— Mais nous nous éloignons de l'impôt mobilier.

— Ou plutôt de la *contribution mobilière*, le législateur ne parle que de contributions. Pratiquement, cet impôt et le précédent n'en font qu'un et on lit généralement dans la loi : contribution personnelle-mobilière. On les répartit ensemble.

— Mais on n'a pas encore expliqué ce que signifie : contribution mobilière, dit Jean.

— J'y arrive. C'est un impôt qui prend le loyer comme signe du revenu; les gens riches ont un appartement plus grand et plus beau que les gens moins aisés, et l'on prend la *valeur locative* comme mesure de la somme à payer du chef de cet impôt.

— Voici comment on procède à Monteaux, dit M. Laurentin. La commune est taxée à 5,800 fr. de personnelle-mobilière, et elle compte 304 contribuables. La journée de travail est évaluée à un franc, donc la taxe personnelle est de 3 francs. Trois fois 304 font 912 ; on ôte 912 de 5,800, reste 4,888 fr. ; cette somme-là, on la distribue selon la valeur locative ; par conséquent, moi, j'ai à payer 3 fr. de taxe personnelle et 110 fr· de mobilière, ensemble 113 fr.

— Pourquoi dit-on *valeur locative ?* demanda Jean.

— Parce que les personnes qui habitent leur propre maison, répondit M. Lefèvre, ne payent pas de loyer ; on estime donc ce que le logement vaudrait si on le louait, et on fixe l'impôt d'après cette évaluation.

— La contribution des portes et fenêtres peut être considérée comme le complément de la contribution mobilière. Lorsqu'un appartement est grand, il a beaucoup de fenêtres, et comme on paye tant par fenêtre, l'impôt devient proportionnel ; du moins, il y contribue pour sa part.

« Ainsi, la taxe est plus forte pour les grandes maisons que pour les petites ; elle est plus élevée pour les étages chers (1er, 2e) que pour les étages qui le sont moins (3e, 4e). Une porte cochère est taxée plus haut qu'une porte ordinaire. Il y a un tarif spécial dans la loi du 21 avril 1832, tarif qui tient même compte de la grandeur des villes, parce que dans les grandes villes la moyenne des revenus est généralement supérieure à celle des petites.

— Je vois bien votre système, dit M. Martin, vous préférez l'impôt sur *les revenus* à l'impôt sur *le revenu*.

— Je ne distingue pas bien la différence, dit Gaston.

— Attends un moment, cela va venir, répondit son père. Quand on parle de l'impôt sur *le* revenu, on pense à la personne : un tel a 10,000 fr. de revenu, on ne se préoccupe pas de la *source* du revenu, mais de sa *jouissance,* c'est la possession qu'on impose ; quand on se sert du pluriel, *les* revenus, on ne pense pas aux personnes, mais aux choses, aux sources de revenu, ce sont alors des produits qu'on impose, par exemple, les revenus produits par la terre, par les maisons, par le commerce, par les valeurs mobilières. En pareil cas, au lieu d'impôt sur les revenus, on pourrait dire aussi impôt sur les produits.

« Je suis également favorable à l'impôt sur *les* revenus, ou sur les produits, parce que je ne me fie pas trop aux déclarations que beaucoup de personnes pourraient faire sur le montant de leurs revenus. Lorsqu'on prélève une contribution sur les produits, le danger d'être trompé est moins grand ; car les produits, et surtout les agents de production (la terre, les maisons) sont visibles ; on aime beaucoup asseoir un impôt sur les signes extérieurs qui mesurent l'importance du revenu.

« C'est le besoin d'avoir un signe extérieur pour base de l'évaluation des fortunes qui a fait choisir le loyer et créer la contribution mobilière. Tout au commencement, la combinaison était beaucoup plus compliquée, je crois aussi qu'elle était plus juste ou plus rationnnelle dans sa forme primitive ; mais on l'a trouvée *trop* compliquée et on l'a simplifiée.

— Comment était-elle?

— On n'imposait pas le loyer, mais on le prenait pour indice de la fortune. On établissait comme règle que chacun consacre au logement une part déterminée de son revenu, part d'autant plus petite, que la fortune était plus grande. Pour ne citer que deux ou trois exemples (Loi du 13 janvier 1791), les loyers de 100 fr. étaient considérés comme la moitié du revenu, les loyers de 500 fr. comme le tiers, ceux de 1000 fr. comme le quart, etc., etc. ; ceux de 12,000 fr. comme le douzième et demi : 2/25 ; par conséquent, on multipliait 100 fr. par 2 ; 500 fr. par 3 ; 1000 fr. par 4… ; 12,000 fr. par 12 1/2 pour avoir le revenu présumé ; mais on a dû abandonner ce système, probablement parce que le contribuable non instruit ne le comprenait pas.

— Pourquoi appelle-t-on *mobilier* l'impôt sur le loyer, est-ce à cause des meubles qui sont dans le logement? demanda Jean.

— Nullement ; c'est parce que, primitivement, cet impôt devait frapper les revenus non fonciers (ne provenant ni

3

de terres, ni de maisons). Plus tard, lorsqu'on avait créé la patente, les revenus mobiliers se trouvaient atteints; alors la contribution mobilière, au lieu de ne s'appliquer qu'aux revenus non fonciers, fut traitée en impôt général étendu à tout le monde; le nom est resté, mais la chose a changé.

— Comme j'ai déjà étudié le budget, dit Gaston en montrant un papier, j'ai essayé de dresser un tableau des impôts indirects; c'est une vue d'ensemble que je voudrais donner :

I. — *Impôts sur le revenu général* [1] *du contribuable*, à la charge de tous les citoyens non indigents :

1° CONTRIBUTION PERSONNELLE-MOBILIÈRE;

2° CONTRIBUTION DES PORTES ET FENÊTRES.

II. — *Impôts sur les revenus spéciaux du contribuable*, à la charge de certaines classes de citoyens ou de contribuables :

1° Impôt à la charge des propriétaires fonciers : CONTRIBUTION FONCIÈRE ;

2° Impôt à la charge de l'industrie et du commerce : PATENTES.

---

1. On peut dire aussi impôt sur le revenu *personnel*; l'expression « revenu personnel » signifie : ensemble des revenus d'un contribuable sans distinction de source. C'est l'opposé de l'impôt sur les produits.

3º Impôt à la charge des professions libérales : PA-
TENTES ;

4º Impôt à la charge des possesseurs d'actions et d'obligations : IMPOT SUR LES VALEURS MOBILIÈRES [1].

» Ce sont ces quatre derniers impôts qu'on pourrait
appeler impôts sur les produits.

— Ce nom ne fait pas disparaître les difficultés, » dit
M. Lefèvre.

Il se faisait tard ; on se sépara; mais en se promettant
bien de continuer l'examen de ces questions.

---

1. L'impôt sur le revenu des valeurs mobilières n'est pas perçu sous la
forme d'un impôt direct, les compagnies en retiennent le montant sur
les intérêts et les dividendes et le payent à l'État ; mais Gaston a néanmoins raison de le compter ici.

CHAPITRE IV

LA CONTRIBUTION FONCIÈRE.

Le lendemain, on se hâta d'entrer en matière, et Jean s'empressa de poser une question qui le préoccupait depuis la veille :

« Peut-on être imposé à toutes les contributions directes à la fois?

— Et pourquoi pas ? fut la réponse. On est d'abord, comme tous les citoyens, porté sur les rôles des contributions personnelle-mobilière et des portes et fenêtres ; si l'on a un immeuble, on paye l'impôt foncier ; on peut avoir en même temps un magasin pour lequel on est imposé à la patente et posséder des valeurs mobilières : c'est par la multiplicité des impôts qu'on puise aux sources multiples du revenu.

— Il est un de ces impôts dont je ne suis pas content, mais pas du tout, c'est l'impôt foncier, dit M. Martin.

— Et que lui reprochez-vous?

— Beaucoup de choses, mais surtout sa fixité ; il devrait

varier tous les ans et monter ou descendre selon le produit des récoltes.

— Tiens, c'est une idée, cela, dit Gaston.

— Une idée, oui, dit son père, mais une idée peut être irréalisable; et dans ce cas, elle n'est pas bonne.

— Je crois bien qu'elle est irréalisable, ajouta M. Lefèvre. Constater tous les ans le montant des récoltes, distinguer le produit brut, les frais de culture, le produit net et tous les détails qui s'y rattachent pour fixer le montant de l'impôt, comment veut-on que cela soit possible, quand il a fallu des années pour établir le cadastre?

— Oh! le cadastre! c'est bien autre chose, dit M. Martin. Cela comprend l'arpentage des terres; on n'a pas besoin de renouveler cette opération tous les ans.

— Ce n'est pas sûr, lui répondit-on. Les propriétés changent de mains, les champs se divisent ou s'étendent par l'achat; on les améliore ou ils se détériorent, de sorte que les propriétés elles-mêmes se modifient.

— Je crois, dit M. Laurentin, que nous perdons notre temps à raisonner dans le vide. Nous ne devons pas perdre de vue que les cultivateurs ne se prêteraient pas à l'établissement annuel exact de la production, et comme ils forment peut-être la majorité des citoyens, le législateur a dû songer à organiser un autre système. Dans ce système, la production des terres a été établie une fois pour toutes; on a attribué à chaque parcelle son contingent d'impôt, et l'on n'y touche plus, sauf dans les circonstances extraordinaires.

— De cette façon, fait remarquer M. Martin, c'est comme si l'impôt était devenu une redevance, une charge imposée à la propriété. Celui qui achète une terre défalque la charge du revenu qu'il en attend, et ne paye le vendeur que pour ce revenu net. Par exemple, voici une terre qui rapporte 100 francs, mais qui est cotée 10 fr. d'impôts. On se dit : 100 moins 10 reste 90; combien faut-il payer pour 90 fr. de revenu? C'est comme si l'on avait reçu pour rien le morceau de terre (la fraction de l'ensemble) qui correspond à la contribution foncière. Ce qui est fâcheux, ajoute-t-il, c'est l'inégalité qui, contrairement à l'intention du législateur, règne de plus en plus entre les divers départements.

— Et d'où vient cette inégalité? demanda Gaston.

— Elle a différentes causes, répondit son père. D'abord, on s'est laissé influencer par les chiffres qui existaient antérieurement à 1789. En dressant le cadastre, on n'a pas toujours pu faire ce qu'on aurait voulu, on a commis des erreurs; il y en aurait long à raconter sur ce point. Puis il y a eu de nombreux changements. Beaucoup de terres ont été considérablement améliorées, quelques-unes ont perdu une partie de leur fertilité, et, comme on maintient les anciennes taxes, les inégalités vont en s'aggravant.

— Ne parle-t-on pas d'une révision? demanda M. Lefèvre.

— Si j'ai bien compris, on se borne à rechercher les terres défrichées depuis le cadastre; ces terres ne supportent presque rien; on les taxera à leur valeur, — si l'on exécute le projet en question.

— Ce sera la première fois, dit M. Martin, qu'on augmentera l'impôt foncier; jusqu'à présent on n'a fait que le diminuer. On n'a éprouvé aucune difficulté pour diminuer, mais je ne sais si les choses iront aussi bien lorsqu'on voudra augmenter.

— Si l'on faisait une révision de l'ensemble du cadastre, serait-il nécessaire de mesurer de nouveau la grandeur de chaque champ?

— Il est probable que non. On comparerait d'abord chaque immeuble avec le plan cadastral existant, et l'on ne renouvellerait l'arpentage que si l'on constatait une différence.

— Je regrette, dit M. Lefèvre, que nous n'ayons pas, comme plusieurs autres pays, un livre terrier soigneusement tenu ; ce livre éviterait toute discussion sur la limite des propriétés ; on y inscrirait les mutations et autres détails utiles.

— Mettons que la superficie de la propriété est exactement connue, et après ?

— Il faut ensuite en évaluer le revenu. Si chaque propriétaire ou cultivateur écrivait tous les ans le montant de la production, rien ne serait plus facile : on prendrait la moyenne d'une période de dix années. Mais les écritures sont rares, on se tire donc d'affaire comme on peut. On distingue naturellement les terres arables des prés, vignes, jardins, forêts, etc., et les terres elles-mêmes on les divise en cinq classes. C'est par la comparaison qu'on attribue à chaque terrain sa classe. On prend un type ; on trouve que la parcelle A est la meilleure terre de la commune ; on la considère comme type de la 1re classe, et tous les terrains de même qualité sont rangés dans la 1re classe ; la parcelle B sera le type de la qualité qui vient après, et toutes les terres qui ressemblent à cette parcelle seraient mises dans la 2e classe. Et ainsi de suite.

— C'est ainsi qu'on a procédé, n'est-il pas vrai ? Mais qui a fait ce travail ?

— Il s'est fait par cinq propriétaires, trois pris dans la commune et deux dans d'autres localités. C'est le con-

seil municipal qui les a choisis. Du reste, il y a des con-
trôles de différentes sortes, afin de diminuer les chances
d'erreur. Quand chaque parcelle a été évaluée, on a réuni
toutes celles qui appartenaient au même propriétaire, on
a additionné les revenus pour en inscrire le total à côté de
son nom sur une liste qu'on appelle la matrice cadastrale.

— Avec cette liste, dit M. Lefèvre, la répartition était
facile. On savait, par exemple, que la commune a un contingent de 1000 francs d'impôt ; les revenus portés sur
la matrice cadastrale faisaient, pour l'ensemble des propriétaires de la commune, 10,000 fr. ; il en résultait que
chacun devait payer le dixième de son revenu.

— La matrice cadastrale est soigneusement tenue au
courant. Le total ne change pas beaucoup, mais les détails
se modifient. Par exemple : Pierre achète à Paul un
hectare de terre, le revenu de ce champ doit être défalqué du
numéro matriciel de Paul et additionné à celui de Pierre.
L'ensemble n'en est pas altéré. Les changements de propriétaire s'appellent des mutations ; il y a des mutations
par suite de vente, de donation, de décès. Quand il y a
plusieurs héritiers et que le bien est partagé, le montant
d'un nombre correspondant de numéros est modifié sur la
matrice.

— Le total du contingent communal ne change *pas beaucoup*, mais il n'est pas immuable. Ainsi, il peut y avoir des accidents qui détruisent des propriétés et par conséquent le revenu ; si l'étendue des destructions est considérable, la commune sera nécessairement dégrevée — c'est-à-dire que son contingent sera réduit. — Mais les causes ordinaires, on peut dire régulières, de modification, proviennent de la construction de maisons.

— La construction d'une maison est un fait plus visible que l'amélioration de la fertilité du sol ; on a dû en tenir compte.

— C'est ce qu'on a fait depuis la loi du 17 août 1835. On a distingué entre la propriété bâtie (maisons, etc.) et la propriété non bâtie, et depuis lors on augmente le contingent de chaque commune dans la proportion des constructions nouvelles qui s'y élèvent.

— Et comment fixe-t-on les sommes ?

— D'après la valeur locative des bâtiments. Si cette valeur est de 1000 francs, et que l'impôt soit au taux de 10 0/0, on défalque d'abord des 1000 francs le quart pour entretien et dépérissement, reste 750 ; le dixième de 750 est de 75 fr. ; c'est donc 75 fr. qu'on ajoute au contingent de la commune. Les autres contribuables de la commune ne s'en aperçoivent pas ; c'est le propriétaire de la maison qui supporte cette charge.

— Les maisons nouvellement bâties ne sont imposées qu'à partir de la troisième année, je crois ; mais il y a des immeubles qui sont toujours exempts.

— Les palais et monuments nationaux, les églises, écoles et établissements de charité, les fortifications et casernes, et, en général, les immeubles appartenant à l'État, aux départements, aux communes et qui sont consacrés à un service public. Si ces immeubles rapportaient un revenu, ils ne seraient pas exempts. Naturel lement aussi les routes, rues, chemins, places publiques ne sont pas imposés.

CHAPITRE V

LA CONTRIBUTION DES PATENTES.

« L'impôt foncier, dit M. Lefèvre, frappe par égalité proportionnelle sur toutes les propriétés immobilières non exceptées par la loi, et ce à raison *de leur revenu net* imposable. C'est le revenu net qu'on veut atteindre, et la loi dont je cite les termes ajoute le mot « imposable » ; cela veut sans doute indiquer que le législateur a quelques doutes sur l'exactitude rigoureuse des évaluations de ce revenu net; mais il entend se contenter d'une exactitude approximative, puisqu'il n'y a rien de parfait sous le soleil.

« Eh bien, je pense qu'il en est de même pour la loi sur les patentes, qui n'est si compliquée que pour arriver à un « revenu net imposable », ou approchant de la réalité.

— Oui, dit M. Martin, l'impôt doit être établi par égalité proportionnelle.

— Ce serait très facile à établir, dit Gaston, si l'on

connaissait le montant vrai des bénéfices de chacun.

— Mais on ne le connaît pas, fit remarquer M. Laurentin, et peu de personnes sont disposées à en publier le chiffre. Il a fallu en prendre son parti et rechercher des signes extérieurs susceptibles de remplacer les déclarations du contribuable.

— Ce sont donc ces signes extérieurs qu'il faudrait connaître.

— Ils ne sont pas bien nombreux, ni bien difficiles à découvrir; nous allons bientôt le voir. Il est nécessaire cependant de dire avant tout que l'impôt se divise en deux sortes de droits : un droit fixe[1] et un droit proportionnel.

— Le droit fixe veut dire : Taux spécial de la profession.

— A peu près. On a fait une liste des professions et puis on les a divisées en tableaux et en classes, selon que les professions exigent plus ou moins de fortune et rapportent — habituellement — plus ou moins de bénéfices.

— Et comment a-t-on pu établir ces droits fixes ?

— Par l'observation. D'ailleurs, on a souvent travaillé à modifier et à améliorer la loi. Elle n'est peut-être pas

_____

1. On dit aussi maintenant : droit déterminé.

parfaite encore, mais elle est aussi bien que possible. On continue à la compléter; quand des cas nouveaux se présentent, on prend des mesures provisoires, et, tous les cinq ans, une loi ratifie ou corrige ces mesures provisoires.

— Je voudrais bien voir ces tableaux, dit Gaston.

— J'y reviendrai tout à l'heure, il faut d'abord que je continue mon exposé. Le droit fixe ou « déterminé » diffère selon que la commune est grande ou petite; cette différence est par elle seule un moyen de s'approcher de la proportionnalité. Si le chef d'une industrie, qui aurait à payer 1000 fr. à Paris, n'en paye que 100 s'il est établi à Meaux, c'est que l'établissement de l'industriel parisien est naturellement plus grand, plus productif que celui du chef-lieu d'arrondissement de Seine-et-Marne.

— Mais s'il y a de grands et de petits fabricants dans la même ville, payeront-ils la même patente?

— Ils payeront le même droit fixe...

— Et la proportionnalité?

— J'y arrive; on ne peut pas tout dire à la fois. La proportionnalité s'établit par le loyer, ou la valeur locative pour ceux qui n'ont pas de loyer à payer. Il est évident que le grand fabricant a des ateliers plus vastes que le petit; son appartement est plus spacieux, etc. Eh bien, on

,ajoute au droit fixe une certaine fraction du montant du loyer. Mettons que ce soit le vingtième, la proportion diffère. Si le droit fixe est de 200 francs, le loyer de l'un 5000 fr. et celui de l'autre 500 francs seulement, la cote de l'un sera de 200 + 250 ou 450 francs et celle de l'autre 200 + 25 ou 225 francs.

— Cela paraît assez ingénieux.

— Sans doute, mais ce n'est pas suffisant. On a songé à renforcer l'élément de proportionnalité. On s'est dit qu'une affaire est d'autant plus grande qu'elle occupe plus d'employés ou d'ouvriers; on ajoutera donc de ce chef tant par aide, s'il y en a plus de cinq (et seulement pour les aides qui dépassent ce nombre).

— Je suppose que le grand fabricant dont il vient d'être question en ait 40 et le petit 4, et qu'on compte 10 fr. par aide, on n'ajouterait rien aux 225 francs, mais on augmenterait les 450 de 350 fr. ; l'un aurait donc 800 et l'autre 225 fr. seulement à payer ?

— C'est parfaitement cela. De même que pour le nombre des ouvriers, on impose aussi le nombre des broches de filature et d'autres machines et outils ; on tient compte de la pluralité des magasins, en un mot des signes extérieurs de l'importance de l'industrie.

— Si j'ai bien retenu, dit Gaston, il y a d'abord la

proportionnalité qui résulte du tarif gradué selon le chiffre de la population ; puis le droit sur la valeur locative ; enfin le droit sur certains signes visibles de l'importance de l'affaire. Il reste maintenant les tableaux ?...

— Je les ai apportés, puisque j'ai pu prévoir que nous causerions de la contribution des patentes. Eh bien, voici le tableau A. Il est divisé en huit classes, et pour chaque classe, il y a une échelle de 9 taxes différentes...

— Cela fait 8 × 9 ou 72 taxes.

— Oui, mais la multiplication ne nous explique rien ici, tout au plus ceci, que la taxe la plus élevée du tableau est de 400 francs et la taxe la plus basse de 2 francs ; encore faut-il ajouter aux 400 francs un droit proportionnel en rapport avec la valeur locative, tandis que ces 2 francs ne sont grossis par aucun droit proportionnel quelconque.

— Je vois, dit M. Lefèvre en regardant les pages du *Bulletin des lois*, que, pour chacune des 8 classes, il y a 9 taxes. Ces taxes s'abaissent avec le chiffre de la population. L'échelle de ces 9 taxes se compose des échelons que voici : Paris — villes au-dessus de 100,000 habitants — ville de 50,001 à 100,000 — de 30,001 à 50,000 — de 20,001 à 30,000 — de 10,001 à 20,000 — de 5,001 à 10,000 — de 2,001 à 5,000 — communes de 2,000 âmes et au-dessous. Voilà l'échelle d'importance des villes ou communes ; prenons maintenant le tarif de la première classe et mettons au-dessus de chacun des 9 échelons un de ces chiffres : 400 fr. — 300 — 240 — 180 — 120 — 80 — 60 — 45 — 35 francs. Ainsi, tel marchand en gros payerait, en droit fixe seulement : à Paris, 400 francs de patente ; à Lyon, Marseille, Rouen, 300 francs ; à Orléans, à Reims, Toulon, Brest, 240 francs ; à Bayonne ou Rochefort, 120 francs, et ainsi de suite ; dans un petit village, le droit fixe serait seulement de 35 francs, parce qu'on n'y fait pas généralement autant d'affaires que dans une grande ville.

— Je voudrais bien savoir ce que paye à Paris chacune des huit classes en droit fixe ou déterminé.

— Le voici : 400 francs — 200 — 140 — 75 — 50 — 40 — 20 — 12 francs. Ainsi à Paris, l'industrie la plus imposée paye 400 francs, celle qui est le moins imposée 12 francs seulement.

— Je ne vois pas encore quelles industries sont dans la première classe, ou dans la deuxième, ou dans la troisième, et ainsi de suite.

— Pour distinguer les huit classes, il faut prendre les huit listes où les industries et les commerces sont classés par ordre alphabétique. Je prends la première liste ; j'y trouve les marchands en gros, puis les escompteurs, les cafés chantants, etc. Dans la deuxième classe, on ren-

contre encore des marchands en gros, mais plus souvent
des marchands en demi-gros, puis des industriels; par
exemple un affineur de platine, un fabricant de carrosses,
un directeur de diorama, panorama, etc. Mais ce serait
bien ennuyeux de parcourir toutes ces listes.

— Il est cependant quelques détails à remarquer, dit
M. Laurentin qui avait repris les feuilles du *Bulletin des
lois*. D'abord, le droit proportionnel, qui est du 20ᵉ pour
les trois premières classes, est du 30ᵉ pour les 4ᵉ, 5ᵉ, 6ᵉ
classes, et du 50ᵉ pour les 7ᵉ et 8ᵉ classes. Pour ces
deux dernières classes il y a exemption de droit proportionnel dans les villes de moins de 20,000 habitants. Il
faut dire qu'il s'agit de bien petits commerces ou de
bien petites industries, beaucoup sont exercés en ambu-
lance, en étalage, en échoppe; dans ces derniers cas il
n'est même dû que la moitié du droit fixe et point de droit
proportionnel, soit 1 franc par an.

— Le tableau B, fait remarquer M. Lefèvre, est plus
compliqué que le tableau A, il concerne le haut commerce; la banque, les assurances et autres grandes
entreprises analogues. Le droit fixe est très élevé et en
même temps le droit proportionnel ; il est au 10ᵉ. Je vois
là aussi une colonne qui impose « les personnes employées,
en sus de cinq ».

— Les banquiers et les agents de change, dit M. Martin, sont imposés à Paris au taux de 2,000 francs, et ce droit fixe est moins élevé ailleurs, il diminue à raison du chiffre de la population. De même si, à Paris, la taxe par employé, à payer par le patron, est de 50 francs, elle est de 40, 25, 20, 15 ou 10 francs dans les villes moins grandes.

— Mais, dit Gaston, je ne vois pas, sur les colonnes, « droit fixe »; c'est « taxes déterminées » qu'on y lit.

— J'ai déjà dit que c'est la même chose, répond M. Laurentin. Les rédacteurs de la loi de 1880 ont pensé que cette expression était plus claire ou peut-être plus exacte. La rigueur des expressions est très importante dans la législation.

— Je vois là, sous la lettre C, dit Gaston « cabriolets, fiacres et autres voitures semblables, sous remise ou sur place (entreprise de) », et sous ce long titre, loin de voir un gros chiffre, il y a, à Paris, 4 francs par voiture, ailleurs 3 francs, 2 francs, 1 fr. 50 c. selon que les villes ont moins de 50,000, 50,001 à 100,000 ou plus de 100,000 habitants.

— C'est qu'on n'est pas riche quand on n'a qu'un cabriolet; mais si l'on en a 100, eh bien, on paye 400 francs.

— La taxe additionnelle par employé n'est pas la même pour toutes les affaires : pour un commissionnaire de transport, par exemple, c'est 15 francs à Paris; pour un commissionnaire en marchandises c'est 20 francs, tandis qu'un négociant payera 25 francs, et on a vu que c'est 50 francs pour le banquier. Il y a les mêmes différences dans les autres villes. C'est sans doute que les bénéfices des uns sont plus grands que ceux des autres.

— Nous arrivons au tableau C. Il porte un titre qui se comprend tout seul : *Professions imposées sans égard à la population.* Ce qui veut dire que le droit fixe ou, comme on doit dire maintenant, la taxe déterminée est la même dans les grandes et dans les petites communes.

— Où est alors la proportionnalité? demanda M. Martin.

— Ne vous inquietez pas, répond M. Laurentin, le tarif est peut-être plus proportionnel que tous les autres. Tenez, j'ouvre au hasard la première partie, je vois : bateaux à vapeur omnibus : 25 centimes par place; défrichement · 50 centimes par hectare de concession ; fournisseur de chauffage aux troupes : 1 centime par homme ; fournisseur de pain : 7 centimes par homme. Voyons la deuxième partie. Nous trouvons : affineurs d'or : 5 fr., plus 10 francs par ouvrier. Fabrique de bougies : 5 francs, plus 5 francs par ouvrier; chandelles : 5 francs, plus, 4 francs par ouvrier; distillateur liquoriste : 5 francs par hectol. de la capacité brute des alambics et 1 franc par hectol. de bassine, etc. Il y

aurait à prendre encore beaucoup d'exemples, mais il suffit
de dire que toutes les industries de ce troisième tableau
sont imposées de la manière la plus proportionnelle possible. S'il y a un droit fixe quelconque toujours le même, il
est de 5 francs, c'est presque rien ; le reste dépend de la
capacité des cuves, des alambics, des bassins, du nombre
des ouvriers, de la composition des machines, et d'autres
signes de l'importance de l'industrie.

— De plus le droit proportionnel sur le loyer.

— Sans doute. Seulement ici aussi il y a encore des distinctions à faire. Le tableau C se divise en plusieurs parties,
on aurait pu dire en *classes*, et dans chacune les industries sont rangées par ordre alphabétique...

— Et pourquoi des classes ?

— J'allais le dire. Les industries de la première partie
sont imposées au 20ᵉ de la valeur locative, tant des ateliers
que des habitations ; dans la deuxième partie, elles sont
imposées au 20ᵉ sur la maison d'habitation, et au 40ᵉ sur
l'établissement industriel ; dans la troisième partie, au
20ᵉ et au 50ᵉ (cette partie renferme le plus grand nombre
d'industries) ; dans la 4ᵉ, au 20ᵉ et au 60ᵉ ; dans la 5ᵉ, la
maison d'habitation est seule imposée, et au 20ᵉ.

— Peut-on expliquer ces différences ?

— Aisément, il me semble. La maison d'habitation, ou

le logement, est d'autant plus convenable que les affaires sont plus considérables, tandis que les ateliers sont souvent plus étendus pour des productions qui rapportent peu que pour des marchandises qui donnent un bénéfice élevé.

Il est même des entreprises pour lesquelles il faut peu ou point de locaux. Je trouve par exemple à la tête de la cinquième partie : *abattoir public* (adjudicataire, concessionnaire ou fermier des droits à percevoir dans un) ; voilà un entrepreneur qui n'a pas besoin de local, aussi on se borne à lui demander 50 centimes pour 100 francs du prix de ferme. Prenons un autre exemple: *barques, bateaux, canots* (loueur de) ; ses bateaux sont dans la rivière. On lui demande 3 francs par batelet. Il en est de même des autres industries, comme vous pouvez vous en assurer en parcourant la cinquième partie du tableau C.

— Il reste le tableau D.

— Celui-là récapitule les indications que nous connaissons déjà sur le taux du droit proportionnel imposé à la valeur locative, en ajoutant quelques dispositions nouvelles. Je me borne à rappeler que ce taux est, selon le cas, du 10°, 20°, 30°, 40°, 50°, 60°. Mais nous avons omis jusqu'à présent le taux au 15°. Ce taux s'applique aux professions qu'on appelle libérales, telles que architectes, avocats, avoués, médecins, chirurgiens, dentistes, vétérinaires, notaires, ingénieurs, huissiers et autres. Les personnes qui ont ces professions ne payent pas de droit fixe, mais un droit proportionel sur la valeur locative de tous les locaux quelles occupent.

— Il y a de petits industriels qui ne sont pas imposés au droit proportionnel...

— Je ne l'ai pas oublié, il s'agit de ceux des 7° et 8° classes du tableau A.

— En somme, dit M. Martin, je suis obligé de reconnaître que le législateur s'est donné beaucoup de peine pour arriver à la proportionnalité, et certainement il doit s'en approcher beaucoup; j'aurais néanmoins préféré qu'on imposât chacun selon ses déclarations de bénéfices.

— Ce serait en tout cas plus commode, répond M. Laurentin, mais serait-ce aussi sûr? J'en doute. L'essentiel est, non que la loi fasse bonne figure sur le papier et qu'elle soit moins attaquable par les gens grincheux, mais qu'elle fasse de la bonne besogne et assure pratiquement une répartition équitable de l'impôt. La bonne besogne vaut mieux que les belles paroles. »

CHAPITRE VI

LES PETITS IMPOTS DIRECTS (TAXES ASSIMILÉES).

« Nous n'avons pas encore passé en revue toutes les contributions directes, dit Gaston, lors de la réunion suivante, car il y a encore les « Taxes assimilées ». J'aimerais bien encore avoir quelques détails sur ces petits impôts directs.

— Que signifient ces mots « Taxes assimilées »? demanda Jean.

— Cela signifie seulement, répond M. Laurentin, que ces taxes sont traitées par les lois comme des impôts directs. On établit des rôles de perception, on avertit le contribuable, et s'il ne paye pas, il est poursuivi par les mêmes procédés que pour les contributions directes. La loi, ou l'administration, n'applique ici le mot assimilation qu'aux procédés de perception, et non à l'explication économique de la nature de l'impôt.

— Quels sont les impôts qu'on réunit sous le nom commun de taxes assimilées? demanda M. Martin.

— Oh! je le sais, dit Gaston. Ce sont : les taxes sur la mainmorte, les mines, la vérification des poids et mesures, la visite chez les pharmaciens, les chevaux et voitures, les billards, les cercles.

— On pourrait ajouter à ces taxes, dont le produit appartient à l'État, certaines impositions communales, et même les cotisations à payer par les membres d'associations ou syndicats qui se sont formés pour établir une digue contre les inondations, pour entretenir un canal d'irrigation ou telle autre œuvre d'utilité commune approuvée par l'autorité compétente.

— Que veut dire : *mainmorte?*

— Cette expression très ancienne, dit M. Laurentin, s'applique aux biens qui appartiennent à des communes, à des établissements publics, à des corporations, des sociétés ou autres propriétaires qui ne meurent pas...

— Qui ne meurent pas?

— Un hospice ne meurt pas; les sociétés non plus, les membres se renouvellent, la société reste ; elle peut naturellement se dissoudre ; mais, tant qu'elle existe, elle se renouvelle. Or, ces établissements, corporations, sociétés, gardent leurs propriétés et ne payent aucun impôt de mutation. Pour faire disparaître cette inégalité, on a créé en 1849 la taxe de mainmorte. Elle consiste, depuis

1872, en une taxe de 70 centimes par franc de contribution foncière ; c'est comme si l'on ajoutait des centimes additionnels spéciaux. Ainsi, si un immeuble doit 100 francs par an lorsqu'il appartient à un citoyen quelconque, il devra 170 francs s'il est la propriété d'un établissement public (département, commune, hospice, société anonyme, etc.).

— Passons à la redevance sur les mines, dit M. Lefèvre.

— Cette redevance est très simple, quoiqu'elle se compose de deux parties : 1° une redevance fixe de 10 francs par kilomètre carré de la superficie de la concession, et 2° une redevance proportionnelle, environ 5 0/0 du produit de l'extraction.

— Je ne comprends pas les 10 francs par kilomètre carré ?

— Quand le gouvernement autorise l'établissement d'une mine, il trace les limites de la superficie (le périmètre) du terrain qui est réservé exclusivement au concessionnaire ; lui seul peut y ouvrir une mine. C'est pour cette superficie qu'il paye 10 francs par kilomètre carré.

— La redevance proportionnelle est sans doute établie sur le produit net ?

— Parfaitement ; on compare le produit brut et les frais, la différence constitue le produit net.

— Je comprends bien la redevance des mines, dit M. Martin, car il y a là production, et il faut que chaque produit supporte sa part d'impôt ; mais que signifie la taxe qui s'appelle droit de vérification des poids et mesures?

— Ce n'est pas une part du revenu qu'on paye ici à l'État, mais une indemnité pour les frais que l'on cause. Il faut bien que les vérificateurs viennent s'assurer de l'exactitude des poids et mesures des marchands ; l'État est obligé d'entretenir ces vérificateurs ; il se fait rembourser ses avances, voilà tout.

— Est-ce bien exactement ses avances qu'il se fait rembourser?

— Il serait impossible d'établir ici un rapport rigoureusement exact, mais la différence est insignifiante. Vous allez voir. Le droit varie suivant la mesure à vérifier : décamètre, mètre et décimètre, hectolitre, décalitre, litre, décilitre et toutes les autres mesures grandes et petites; de même pour les poids. Par exemple, la vérification coûte 60 centimes pour un poids de 50 kil. ; 30 centimes pour un poids de 20, de 10 ou de 5 kil. ; 12 centimes pour un double ou simple kilo ; 6 centimes pour un demi-kilo ou une mesure plus petite. Les balances aussi sont vérifiées. Il serait sans intérêt de lire tout le tarif ; je dois seulement dire que la vérification est constatée par l'apposition d'un poinçon.

— La vérification se fait annuellement, n'est-ce pas?

— Naturellement. La liste des commerçants et indus-triels assujettis à la vérification existe ; c'est d'après cette liste et la série des poids et mesures qu'ils doivent avoir, que l'impôt est calculé.

— Le droit de visite chez les pharmaciens et droguistes correspond à l'indemnité à payer aux savants qui sont chargés de constater si les médicaments sont de bonne qualité, s'ils sont purs de tout mélange avec des matières nuisibles, s'ils ne sont pas détériorés.

— Le droit est-il élevé?

— Il est de 6 francs par pharmacien et de 4 francs par droguiste, et, dans la plupart des départements, les sommes perçues ne suffisent pas pour couvrir les frais de vérification. Habituellement les conseils généraux votent la différence, qui est ainsi supportée par le budget dépar-temental. Si le conseil général ne votait pas de fonds, il n'y aurait pas de vérification.

— Je vois, dit M. Martin, que ce droit n'enrichit pas le trésor.

— Nous aurions maintenant les chevaux et voitures.

— Il faut dire, depuis la loi du 22 décembre 1879 : chevaux et voitures, mules et mulets, car, par cette loi, les mules et mulets ont été soumis aux mêmes droits que les chevaux.

— Quels sont ces droits ?

— Tenez, j'en ai justement le tableau, regardez-le :

VILLES, COMMUNES OU LOCALITÉS. dans lesquelles le tarif est applicable.	SOMMES A PAYER par chaque		
	voiture à 4 roues.	voiture à 2 roues.	cheval de selle ou d'attelage
	francs.	francs.	francs.
Paris...............................	60	40	25
Les communes autres que Paris, ayant plus de 40,000 âmes de population.	50	25	20
Les communes de 20,001 âmes à 40,000	40	20	15
Les communes de 10,001 âmes à 20,000	30	15	12
Les communes de 5,001 âmes à 10,000	25	10	10
Les communes de 5,000 âmes et au-dessous...............................	10	5	5

— Si je comprends bien, pour une voiture à 2 roues, qui n'a toujours qu'un cheval, on est imposé à Paris de $40 + 25 = 65$ fr.; pour une voiture à 4 roues, si elle est attelée de 2 chevaux, on acquitte, toujours à Paris, $60 + 50 = 110$ francs ; à la campagne ce serait seulement $10 + 10 = 20$ francs.

— Pourvu cependant que ces chevaux et voitures ne

soient pas employés habituellement pour l'agriculture ou pour une industrie dont le chef paye patente.

— Il y a encore d'autres cas d'exemption : d'abord les voitures non suspendues ; les voitures et les chevaux, mules et mulets destinés à la vente ; les animaux de reproduction et autres. Pour tout résumer en peu de mots, on impose surtout les voitures et les chevaux de luxe, ou aussi ceux qui sont le signe de la grandeur d'un établissement.

— Est-ce qu'il n'y a pas aussi un impôt sur les billards ?

— Il a été créé par la loi du 16 septembre 1871. Ce genre d'impôt compte parmi les taxes somptuaires ; mais, en 1871, on ne pensait qu'à réunir les sommes dont on avait besoin. On l'a conservé depuis, et, je crois, avec raison.

— Est-ce que la taxe est élevée ?

— Voici le tarif : à Paris, 60 francs ; dans les villes de plus de 50,000 âmes, 30 francs ; dans les villes de 10,000 à 50,000 âmes, 15 francs ; dans les localités plus petites, 6 francs. Cette différence s'explique aisément : dans les grandes villes, le nombre des clients est plus considérable et les prix généralement plus élevés ; les cafetiers, car c'est chez eux qu'on trouve surtout les billards, peuvent payer davantage.

— Les particuliers, je crois, payent également la taxe?

— Oui, sans doute, même s'ils ne se servent momentanément pas de leur billard. La loi ne fait pas de différence.

— Et comment sait-on que quelqu'un possède un billard?

— Les possesseurs de billards sont tenus de faire une déclaration à la mairie; ceux qui l'oublient et ceux dont la déclaration est inexacte payent double.

— Il nous reste à parler de la taxe sur les cercles. Elle doit également être considérée comme un impôt somptuaire.

— Elle date aussi du 16 septembre 1871; elle s'applique aux cercles, sociétés et lieux de réunion où se payent des cotisations. La taxe est annuelle; elle est calculée à raison de 20 0/0 des cotisations payées. Ce sont les gérants, secrétaires ou trésoriers qui sont chargés de l'acquitter.

— Mais il y a des sociétés où l'on paye une cotisation et qui pourtant ne sont chargées d'aucune taxe.

— Ce sont les sociétés de bienfaisance ou de secours mutuels, ou les sociétés scientifiques et les sociétés littéraires qui ne se réunissent pas tous les jours.

— Est-ce qu'il n'a pas été question tout à l'heure de taxes communales? elles ne peuvent cependant pas être *assimilées* aux taxes de l'État, dit M. Martin.

— On ne les assimile pas aux taxes de l'État, dit M. Laurentin, mais aux contributions directes, c'est-à-dire que les percepteurs de l'État sont chargés d'encaisser les taxes et d'en rendre compte. Cela veut dire aussi qu'il est fait des rôles annuels et que le percepteur est autorisé à poursuivre ceux qui ne payent pas.

— C'est un service, dit M. Lefèvre, que l'État rend aux communes et aux associations syndicales. »

CHAPITRE VII

L'ENREGISTREMENT ET LE TIMBRE.

Notre petite société était très persévérante; quand elle s'était mise à étudier une question, elle ne discontinuait pas jusqu'à ce qu'elle l'eût suffisamment approfondie. Elle aborda donc l'examen du groupe de droits et de taxes qui sont réunis, les uns, sous le nom d'enregistrement; les autres, sous celui de timbre. Dans des livres sur la science financière, on embrasse quelquefois ces contributions sous le nom de « Impôts sur les actes », mais il faudrait ajouter : « et les mutations». C'est M. Laurentin qui venait d'expliquer cela ; il continua ainsi :

« Il n'est pas aussi facile que vous pourriez le croire de vous donner une idée complète de l'enregistrement et des nombreux droits qui s'y rattachent. Il y a des cas où l'enregistrement est tout, et d'autres où il n'est que l'accessoire.

— Comment, *où l'enregistrement est tout?* Je ne comprends pas bien, dit M. Martin.

5

— C'est, en effet, une manière un peu trop concise de s'exprimer, dit M. Laurentin en riant. Voici ce que je voulais dire : l'enregistrement est à la fois un service rendu au particulier et un impôt. Le service consiste dans la copie textuelle ou par extrait d'un acte, ce qui le conserve et lui donne en même temps une *date certaine*, car la date de l'enregistrement fait nécessairement foi, les actes étant enregistrés dans l'ordre de leur arrivée. Or, une date certaine peut quelquefois avoir une grande importance, et l'on paye la taxe sans trop se faire prier.

— Et où l'enregistrement est-il l'accessoire?

— Quand l'impôt est la chose principale, et qu'il n'y a même pas d'acte, comme lors de mutation en cas de décès.

— Les mutations ou changements de propriétaires sont cependant enregistrés, c'est la « transcription » (p. 72).

— Tenez, dit M. Laurentin, je crois qu'il convient avant tout de vous donner une vue d'ensemble du mode d'établissement de l'impôt. L'enregistrement, qui date sous ce nom du 5 décembre 1790, se composait d'abord de deux sortes de droits : droit fixe et droit proportionnel. Le droit fixe dit : tel acte coûte 1 franc, ou 2 francs, ou 5 francs, ou telle autre somme, — c'est aux actes soumis au droit fixe que je pensais en disant que l'enregistrement est tout ; —

le droit proportionnel dit : Vous payerez 1/2 0/0, 1 0/0, 2, 4, 6 0/0, et au delà...

— Ici, c'est l'impôt qui est tout, s'écria M. Martin.

— C'est bien cela. Il est moins question de service rendu quand on parle de droit proportionnel, car, pour assurer à un acte une date certaine, le droit fixe suffirait parfaitement. Mais l'État a besoin d'argent, et de beaucoup d'argent; aussi peut-on dire que le droit fixe rend un service au citoyen, et le droit proportionnel, un bien plus grand à l'État, puisqu'il lui vaut quelques centaines de millions.

— Cet argent est indispensable, fait observer M. Lefèvre.

— C'est évident, puisqu'il est voté tous les ans par le Parlement, dit Gaston.

— On a même été obligé de l'aggraver en 1872, reprend M. Laurentin, car on a créé une troisième sorte de droits, les droits fixes gradués. Vous demanderez comment il se distingue du droit proportionnel ? Pas très clairement ; au premier moment, la différence paraît grande ; en y regardant de près, elle semble petite, et, en réalité, c'est un droit proportionnel inexact; heureusement il est faible, c'est là son principal mérite.

— Comment est-ce un droit proportionnel *inexact ?* demanda-t-on.

— Le tarif vous le dira: on paye 5 francs pour les sommes de 5,000 francs et au-dessous, 10 francs pour 5 à 10,000 francs, 20 pour 10 à 20,000, ensuite 20 pour chaque 20,000 et fraction de 20,000 au delà. Or, 5 francs pour 5,000 francs et au-dessous, cela peut être quelquefois 5 francs pour 1,000 francs. Il en résulte que, si je suis assez pauvre pour n'avoir que 1,000 francs, je paye 5 pour 1,000, tandis que si j'ai 5,000 francs, je ne paye que 1 pour 1,000; de même, on doit 20 francs pour 20,000 francs, pour 20,001 francs on doit 40 francs, puisque 1 est une fraction de 20,000; pour 40,000 francs aussi on ne doit que 40 francs. La proportion moyenne est ici de 2 pour 1,000 pour 20,000, et de 1 pour 1,000 pour 40,000; je crois que la proportion qu'on avait en vue était de 1 pour 1,000, dans ce cas il aurait bien mieux valu dire simplement : 1 pour 1,000, que d'établir la graduation.

— Je crois me rappeler, dit M. Lefèvre, que c'était une transaction entre les partisans du droit fixe et ceux du droit proportionnel, mais moi aussi je ne la trouve pas heureuse.

— Quand doit-on le droit fixe, et quand le droit proportionnel? demanda Gaston.

— C'est là la question topique, dit M. Martin.

— On peut essayer d'y répondre, quoique la chose comporte un certain degré de complication. Retenez bien ceci : tout acte ou fait qui *oblige*, *libère ou transmet*, est soumis au droit proportionnel ; tous les autres actes sont passibles du droit fixe. Est-ce clair ?

— Pas trop. Prenons chaque fait isolément. Qui oblige ?

— Un acte par lequel on s'oblige est dressé, par exemple à l'occasion d'un prêt. Je vous prête de l'argent, vous faites un écrit vous reconnaissant débiteur d'une somme x, et payez l'enregistrement à raison de 1 0/0 de la somme x.

— Que dit le mot : *libère ?*

— Au bout d'un certain temps vous me rapportez la somme que je vous ai prêtée ; vous vous *libérez* ainsi de votre dette, et, comme il existe un acte qui vous oblige, vous tenez à ce qu'il s'en trouve un qui vous libère, et, à cet effet vous payez 0,50 0/0 de droit d'enregistrement.

— Le mot *transmet* n'a pas besoin d'explication, on transmet une propriété en la passant à un autre. C'est la mutation.

— Oui, mais il y a plusieurs causes ou plusieurs sortes de transmission : la vente, l'échange, le don, l'héritage. Le tarif diffère. La vente (dite aussi : transmission à titre onéreux) est imposée de 2 0/0 si elle s'applique à des meubles, cas assez rares, car on ne fait pas beaucoup d'actes pour la vente d'objets mobiliers, et de 4 0/0 s'il s'agit d'immeubles ; il faut toujours un acte pour vendre un immeuble. Je passe pour le moment les droits accessoires (droit de transcription). Les donations supportent souvent des droits plus élevés depuis 1 fr. 25 0/0 et au delà pour les divers degrés de parenté, jusqu'à 9 0/0, entre personnes non parentes.

— C'est beaucoup, 9 0/0.

— On se dit, voilà quelqu'un qui reçoit un beau cadeau, il peut bien donner quelque chose à l'État, fait remarquer M. Martin.

— Les droits sont bien élevés aussi en cas de décès, ajouta M. Lefèvre.

— Mais ces droits varient selon le degré de parenté. En ligne directe — c'est-à-dire des enfants héritant de leurs parents (ligne descendante) ou des parents héritant de leurs enfants (ligne ascendante) — c'est 1 franc 0/0 ; entre époux, c'est 3 0/0 ; entre frères et sœurs et neveux, 6 fr. 50 0/0 ; entre grands-oncles et petits-neveux, 7 fr. 0/0 entre parents plus éloignés, 8 0/0 ; entre personnes non parentes, 9 0/0. Le tout, non compris les 25 centimes additionnels.

— Nous sommes bien loin, dit M. Laurentin, d'avoir épuisé la liste des droits proportionnels, je dois vous prévenir aussi que leur application n'est pas sans présenter des difficultés, car il n'est pas toujours aussi facile que l'on croit de reconnaître la nature de l'acte, il peut avoir un caractère mixte, etc. L'enregistrement exige une étude toute spéciale, et l'on a écrit de gros ouvrages sur la matière.

« Je voudrais seulement dire encore un mot du droit fixe. Ce droit varie suivant l'importance des actes qui y donnent lieu: le *minimum* est de 75 centimes, le *maximum* de 150 francs. Le taux le plus habituel est de 1 fr. 50, puis vient la taxe de 3 francs. La plupart des autres taxes sont des droits judiciaires, elles figurent parmi les frais de justice, mais ce ne sont pas les seuls. L'enregistrement contribue à rendre la justice coûteuse, à tel point qu'on a dû créer l'assistance judiciaire pour les pauvres : pour les pauvres, tout est gratuit, l'enregistrement a lieu, mais comme on dit, *en debet,* c'est-à-dire la taxe reste due; si l'adversaire du pauvre a de la fortune et perd le procès, c'est à lui de payer.

— Les droits de greffe et d'hypothèque sont compris, je crois, parmi les droits d'enregistrement.

— C'est du moins la même administration qui les perçoit, quoique à l'aide d'autres agents. Le droit de greffe est perçu par les greffiers des Cours et des Tribunaux pour certains actes et écritures. Une partie de ce droit constitue la rémunération du greffier, l'autre est un impôt. Les droits de greffe font également partie des frais de justice.

« Le droit d'hypothèque est perçu par un fonctionnaire qui a le titre de conservateur des hypothèques.

— Qu'est-ce qu'une hypothèque ? demanda Jean.

— Une hypothèque est un gage immobilier. Quelqu'un veut emprunter de l'argent, et on ne veut pas le lui confier sur parole ; si l'emprunteur possède une maison, le prêteur peut faire inscrire la dette en hypothèque sur la maison. C'est la maison alors qui porte la dette, et celui qui l'achète doit la somme qui répond à cette dette, non au propriétaire qui a vendu la maison, mais à la personne qui a prêté l'argent.

« Chez le conservateur se trouvent des registres où les hypothèques sont inscrites; le fonctionnaire reçoit pour sa peine un droit fixe d'après un tarif établi par une loi ; il perçoit en même temps au profit de l'État un droit proportionnel de 1 0/0 de la somme (ou dette) inscrite. — Ceci s'appelle l'*inscription*, mais il y a encore la *transcription*. Tous les immeubles sont inscrits sur ces registres au nom de leurs propriétaires ; si l'un de ces immeubles est vendu, il doit être transcrit au nom du nouveau propriétaire, ce qui coûte 1 fr 50 c pour 100 francs, dépense à ajouter aux 4 0/0 de droit d'enregistrement dont nous avons déjà parlé.

— L'impôt de l'enregistrement avec ses accessoires est un des impôts les plus productifs que nous ayons, mais le timbre rapporte aussi beaucoup au trésor, dit M. Lefèvre

— Je connais bien le papier timbré, dit Jean.

— Il y a deux timbres sur chaque papier, dit Gaston, un timbre noir, et un timbre sec. Le prix, c'est la taxe, est imprimé sur le timbre noir. Mais les prix diffèrent.

— Pour le papier timbré aussi on distingue le droit fixe et le droit proportionnel, seulement le droit fixe s'appelle timbre de *dimension*. Ajoutons qu'il y a aussi un timbre spécial.

— Les papiers sont donc de grandeur différente ?

— Précisément. Il y du papier à 50 centimes, 1 franc, 1 fr. 50 c., 2 francs, et 3 francs, chiffres auxquels il faut ajouter deux décimes (1/5), de sorte que le papier de 50 centimes coûte en réalité 60 centimes. La loi dit dans quel cas on emploie les différentes dimensions de papier timbré.

— Le timbre proportionnel s'applique surtout aux effets de commerce, aux bordereaux des agents de change, aux billets de banque, aux actions et obligations des sociétés et compagnies commerciales et industrielles. Il y a des tarifs pour ces diverses sortes de valeurs, mais ces tarifs ne sont pas susceptibles d'être résumés. Si nous voulions entrer dans ces détails, nous causerions toute la nuit.

— Qu'entend-on par timbre spécial ?

— Il y en a de plusieurs sortes, parmi lesquelles les passeports, les permis de chasse et les quittances sont les plus connus. Le timbre des quittances est de 10 centimes, quel que soit le montant de la somme, c'est donc un droit fixe. Notons qu'une somme moindre de 10 francs n'est pas assujettie au timbre.

— On colle le timbre sur la quittance, n'est-ce pas ?

— Généralement. Mais on peut aussi faire timbrer des quittances par l'administration.

— Les timbres qu'on colle sur le papier (comme les timbres-poste) s'appellent timbres mobiles.

— En effet, et cette idée de faire des timbres mobiles est excellente ; mais on ne doit pas oublier d'oblitérer les timbres dont on s'est servi.

— Comment ?

— En écrivant dessus la date et les initiales de son nom ; on peut aussi oblitérer le timbre mobile avec une griffe qui imprime les indications nécessaires.

CHAPITRE VIII

LES IMPOTS DE CONSOMMATION.

« Chose curieuse, dit M. Lefèvre, les impôts de consommation passent pour être lourds; je n'en ai jamais rien senti.

— C'est que vous êtes fort, répond M. Martin en riant.

— Plaisanterie à part, reprit M. Lefèvre, qu'est-ce donc que vous supportez vous-même? Vous n'êtes pas buveur d'eau-de-vie — je ne puis que vous en féliciter — vous ne contribuez donc en rien à la grosse somme qu'elle produit au trésor; vous ne consommez que le vin de votre vigne, vous ne payez rien de ce chef; vous avez la qualité de ne pas fumer, cela vous constitue une jolie économie; vous contribuez seulement pour votre part au sucre, au sel, et à deux ou trois autres impôts. A combien se montent vos charges? à 10 ou 20 centimes par mois d'impôt sur le sel et à une petite somme pour votre café et votre sucre.

— Je ne dis pas non, et j'avoue que je préfère payer

les impôts par petites sommes que par grandes, répondit M. Martin.

— On dit, reprit M. Lefèvre, que cela revient au même : oui et non. Oui, car un franc par mois fait douze francs par an ; non, car je puis plus aisément me priver d'un franc, que j'économise ailleurs en détail, que d'une somme de 12 francs qui, à de certains moments, peu faire une brèche sensible dans ma bourse.

— J'ai lu, dit Gaston, qu'on reproche précisément à l'impôt sur les consommations de ne pas être senti. Il faut que le citoyen sache ce qu'il dépense en impôts, dit-on, afin qu'il ait intérêt à en surveiller l'emploi.

— Mon fils, répond M. Laurentin, celui qui a écrit cela voulait se faire élire député. Il savait très bien que les citoyens emportés par les nécessités de leur besogne quotidienne n'ont pas le temps, et que généralement ils n'ont pas l'instruction générale et spéciale qu'il leur faudrait pour influer sur les finances du pays. Ils s'en rapportent à leurs députés. Or, l'auteur que tu cites, Gaston, semble dire : vos députés antérieurs n'ont pas fait leur devoir ; nommez moi, et les choses iront mieux.

— Je crois aussi, dit M. Martin, que cet argument de la surveillance n'est pas sérieux ; mais il y en a un autre qui me paraît plus important : c'est celui qui reproche à l'impôt de consommation ne pas être proportionnel, de faire payer le pauvre autant que le riche.

— C'est là, en effet, dit à son tour M. Lefèvre, le seul reproche qu'on puisse faire à cet impôt commode.

— Il est incontestable, répond M. Laurentin, que ce reproche a quelque fondement, mais pas autant qu'on le dit. Pour ne citer qu'un exemple, il y a des cigares à 5 centimes et il y en a à 25, 50, 75, même à 1 franc et à plusieurs francs ; le fumeur riche paye donc beaucoup plus d'impôts que le pauvre. Vous me direz peut-être que l'impôt est le même pour l'eau-de-vie, et que tel pauvre boit autant à lui tout seul que quatre riches. Cela peut arriver, mais je ne m'en émeus pas, je dis froidement : que l'ivrogne paye l'amende. Le droit est élevé précisément pour qu'on ne boive pas trop de ce poison, celui qui en abuse subit naturellement la punition prévue en payant l'impôt.

« Mais, même en tenant compte de ce qu'on pouvait dire en ce sens, il reste encore des impôts où la cote du riche peut être presque la même que celle du pauvre, comment justifier ces anomalies ?

— En disant qu'il n'y a rien de parfait sous le soleil, fut l'avis de M. Lefèvre.

— C'est une vérité inattaquable, et qui nous sert souvent d'excuse commode mais, cette fois, nous avons mieux que cela. Je vous ai déjà dit, et peut-être l'ai-je répété, qu'on ne doit pas comparer les résultats d'un seul impôt, mais l'ensemble des impôts payés par deux contribuables. A, supporte sa part de 12 ou de 20 impôts, B, de 2 ou 3 seulement ; vous ne pouvez pas choisir 2 ou 3 impôts parmi ceux que A supporte, et passer les autres sous silence comme s'il ne les payait pas. Permettez-moi d'insister. Vous dites : voyez comme c'est monstrueux : A qui possède 2 maisons, une ferme, des valeurs de toutes sortes, est chargé de 2 francs d'impôt sur le sel comme tel ouvrier qui vit de son salaire. Mais pourquoi mentionnez vous la ferme et la maison de A, sans parler des 5,000 francs d'impôt foncier qu'il acquitte de ce chef ? Pourquoi citer ses valeurs mobilières sans ajouter qu'elles supportent 500 fr. d'impôts spéciaux ? Pourquoi insistez-vous sur ses richesses, sans dire qu'il paye en outre 1,000 francs d'impôt mobilier et de portes et fenêtres, sans compter une moyenne de 200 ou peut-être de 300 francs de droit de timbre et d'enregistrement ? Voilà déjà 5,000 fr. + 500 fr. + 1,000 fr. + 200 soit 6,700 fr. qu'il faut compter avant le sel et les autres impôts de consommation. En réalité A paye 6,702 francs et, B, 2 francs.

« Je pourrais vous en dire long là-dessus, mes amis, parce que j'y ai beaucoup songé ; mais il suffit que je vous

mette en garde contre les erreurs courantes, et vous engage
à bien réfléchir et à ne pas vous laisser illusionner par les
apparences. Si, toute réflexion faite, vous trouvez que la
proportionnalité n'a pas été atteinte d'une manière absolue, alors il vous est permis de penser que tout n'est pas
parfait en ce monde ; mais vous devez aussi vous dire :
puisque tout le monde est électeur, il faut bien aussi que
tout le monde paye.

— Est-ce qu'on ne pourrait pas me donner la liste de
tous les impôts de consommation ? demanda Gaston.

— La liste complète serait un peu longue, si l'on comp-
tait toutes les petites taxes quelconques ; il suffit de dire
que les boissons, le sucre et le sel, les voitures publiques,
puis les douanes et les monopoles (tabac, poudre, allumet-
les) sont les principales branches de l'arbre si touffu des
impôts de consommation.

— L'impôt sur les boissons, dit M. Lefèvre, se compose lui-
même de plusieurs rameaux : eau-de-vie, vin, bière, avec
toutes sortes de distinctions. Si nous les passions en revue ?

— Cela ne serait pas sans utilité, opina M. Martin.

— Soit, dit M. Laurentin. Commençons par l'eau-de-
vie. L'eau-de-vie supporte deux impôts : 1° un droit de
consommation, et 2° un droit d'entrée. L'impôt de consommation est élevé, il est de 125 francs (en principal) par

hectolitre *en cercles* (en barils ou tonneaux), et de 175 francs par hectolitre, pour les eaux-de-vie en bouteille, les liqueurs et fruits à l'eau-de-vie.

— Il s'agit d'alcool pur, dit M. Lefèvre. On ne boit pas l'alcool pur, on le mêle avec l'eau pour en faire de l'eau-de-vie ; je crois bien qu'un hectolitre d'alcool donne trois-hectolitres d'eau-de-vie.

— Cela ferait par hectolitre d'eau-de-vie le tiers de 125 ou près de 42 francs ?

— C'est comme cela que je l'entends.

— Je trouvais que 125 francs étaient un peu lourds, mais je vois que ce n'était qu'en apparence.

— Ajoutons qu'on consomme à la fois de si petites quantités d'eau-de-vie, que l'impôt se paye, pour les particuliers, par 5 centimes à la fois, car on ne prend toujours qu'un « petit verre ».

— Il convient aussi de faire remarquer, dit M. Laurentin, que, comme il y a des gens qui abusent de l'eau-de-vie, qui est une boisson plus nuisible qu'utile, le législateur l'a chargée avec intention d'un droit élevé.

— Il ne faut pas oublier, dit à son tour Gaston, que le marchand ne supporte pas ce droit, mais le consommateur.

— On n'a pas parlé du droit d'entrée, fit remarquer Jean.

— C'est une taxe de 6 à 24 francs par hectolitre d'alcool pur, 6 francs dans les communes de 4 à 6,000 habitants, 24 dans les communes de plus de 50,000 habitants ; je passe les taxes intermédiaires s'élevant de 3 francs en 3 francs avec le chiffre de la population..

— Et dans les communes plus petites ?

— Il n'y a pas de droit d'entrée. Quant à Paris, on est censé n'y payer qu'*un* impôt au lieu de deux, il s'appelle le droit de remplacement, mais ce droit est de $125 + 24 = 149$ francs pour l'eau-de-vie en cercles.

— C'est donc la même chose qu'ailleurs?

— Voici la différence : dans les autres villes, le marchand a un peu plus de délais pour payer.

« Passons aux droits sur le vin. Il y en a plusieurs. Le premier à nommer, c'est le droit de circulation. C'est une toute petite taxe, dont le minimum est de 1 fr. 20 c. et le maximum de 2 francs; — il diffère selon les départements; — on le paye en expédiant le vin, sauf pour Paris. A Paris, le « droit de remplacement » sur le vin renferme le droit de circulation. Le droit de circulation n'est acquitté que sur le vin adressé à des particuliers, sauf pour les villes à droit unique, où tout le monde le doit. Le droit unique comprend l'ensemble des taxes.

— Droit unique?

— J'ai été obligé de le nommer trop tôt, parce que tout se tient dans un système compliqué. Il y a encore deux taxes pour le vin : le droit d'entrée et le droit de détail. Le droit d'entrée diffère selon la population; il ne se paye que dans les communes de 4,000 âmes et au-dessus; il diffère aussi selon les départements, qui, pour les droits de circulation et d'entrée, sont divisés en trois classes (autrefois 4). Le droit d'entrée n'est pas élevé : il est au minimum de 40 centimes et, dans les plus grandes villes, de 2 francs; le droit de détail est imposé au marchand de vin, même dans les villages; il est de 15 0/0 de la valeur du vin vendu. Or, il y a des villes, je crois de plus en plus nombreuses, où l'on ne fait plus ces distinctions. Dans les villes de 4 à 10,000 âmes, cela dépend du conseil municipal. Dans les villes plus grandes, le droit unique, qui se compose, comme vous le savez déjà, du droit d'entrée et du droit de détail, est obligatoire.

— Je voudrais bien savoir, dit Gaston, pourquoi on fait tant de distinctions?

— C'est qu'on voudrait faire payer un peu plus à celui qui boit du bon vin qu'à celui qui doit se contenter de vin médiocre.

— On voudrait aussi entraver la multiplication des cabarets, parce que ceux qui les fréquentent ne se contentent pas toujours d'une ration modérée de vin. On veut punir les excès, mais il est généralement difficile de les atteindre séparément.

« Comme ces excès sont rares pour la bière et que ses qualités sont moins variées, l'impôt sur la bière est simple. Il est perçu au moment de la fabrication, dans les brasseries, à raison de 1 franc par hectolitre de petite bière et 3 francs pour la bière forte.

— Les impôts sur les boissons, dit M. Lefèvre, sont très compliqués, et il faut y réfléchir longuement; mais il en est souvent ainsi d'autres impôts. Le droit sur le sucre a été simplifié il n'y a pas longtemps, mais il présente encore ses petites difficultés.

— Et quels sont les droits actuels ?

— La loi est laconique : on la croirait faite à Sparte; elle se résume au fond à ceci : *Sucres bruts et raffinés : 40 francs par 100 kil. de sucre raffiné...* »; en d'autres termes, le sucre brut paye 40 francs par 100 kil. de sucre pur qu'il renferme.

— Cela peut être laconique, dit M. Martin, mais ce n'est pas clair.

— Voici l'explication : de même que, dans l'eau-de-vie, on n'impose que l'alcool, de même, dans le produit de la betterave ou de la canne, on n'impose que le sucre pur. Ce sucre est.connu sous le nom de raffiné (sans compter le sucre candi); quand le sucre se présente à l'impôt sous la forme raffinée, la perception est simple, le contribuable paye 40 francs; mais, si le sucre est présenté sous la forme de cassonnade jaune ou brune (sucre brut), alors il faut consulter un instrument, *le Saccharimètre*, et faire des opérations délicates, qui permettent de calculer avec une suffisante précision combien le sucre brut renferme de sucre raffiné. Si l'on trouvait que la cassonnade rendra 90 0/0 de raffiné, les 100 kilog. de ce sucre brut ne payent que les 9/10 de 40 francs ou 36 francs. Je me borne à indiquer le point le plus important, car, en réalité, on tient compte encore du déchet et d'autres circonstances accessoires.

— On tient compte aussi de la provenance du sucre : s'il vient de l'étranger, le sucre doit payer 12 fr. 50 c. en sus.

— Les mélasses, sirops, confitures, bonbons, ont leurs taxes spéciales, même le chocolat, qui se compose par moitié de sucre et par moitié de poudre de cacao. Ce dernier est imposé à raison de 88 francs les 100 kil. Les sucres candis payent 43 francs.

— Je comprends que les différents dérivés ont chacun leur droit spécial, calculé de manière à répondre à la taxe-type : 40 francs par 100 kilog. de sucre pur.

— Un droit de 40 francs par 100 kil. équivaut à un droit de 20 centimes par 1/2 kilogramme de sucre, mais quel est le droit sur le sel?

— 10 francs par 100 kilogrammes, cela fait 5 centimes par 1/2 kilogramme.

— Il faut du temps pour manger un kilogramme de sel. Est-ce qu'on ne s'en sert pas aussi dans l'industrie?

— Oh ! oui, mais l'industrie ne paye pas le droit. Il y a d'abord les pêcheries, qui ont besoin de sel pour saler les poissons, et ensuite les fabriques de soude; les unes et les autres reçoivent le sel exempt de tout droit.

« Nous arrivons aux voitures publiques.

— Ce groupe d'impôts comprend, je crois, les bateaux et les chemins de fer?

— Parfaitement ; cependant, la principale distinction à faire est celle des voitures à volonté partant quand on les loue, et des voitures à service régulier, ayant leurs jours et heures de départ, qu'il y ait, ou non, des voyageurs. Pour les voitures à volonté, il existe un droit fixe, qui s'élève avec le nombre des places. Il est de 40 francs par voiture à 1 ou 2 places, 60 francs pour 3 places, 80 francs pour 4 places, 96 francs pour 5 places, 110 francs pour 6 places ; pour chaque place au delà de 6 et jusqu'à 50, 10 francs ; pour chaque place au delà de 50 et jusqu'à 150 inclus, 5 francs ; pour chaque place au delà de 150, 2 fr. 50 c.

« Les voitures et bateaux (voitures d'eau) étaient depuis longtemps assujettis à un droit de 10 0/0 par voyageur et marchandise transportés, lorsqu'une loi de 1871 doubla le droit.

— C'est là aussi un impôt de consommation ? demanda Gaston.

— Certainement, répond M. Martin en riant, on consomme du mouvement.

— On peut dire, fait remarquer M. Lefèvre, qu'il y a beaucoup de voyages d'agrément ; c'est donc une taxe sur le plaisir, ou aussi une taxe somptuaire.

— Mais on transporte beaucoup de marchandises, objecta Gaston.

— Alors c'est un droit sur la consommation de ces marchandises.

— Peut-être, dit à son tour M. Laurentin, cette taxe laisse-t-elle à désirer ; mais, quand l'État a besoin d'argent, il s'adresse de préférence aux sources abondantes, sans y regarder toujours de trop près. Il est si souvent pressé. Aussi, dès que les jours deviennent meilleurs, il supprime les impôts les plus gênants, comme le droit de 5 0/0 sur la *petite vitesse* (transport de marchandises), le droit de navigation, le droit sur le savon, sur la chicorée et quelques autres. On a déjà adouci les taxes que supporte l'huile ; il reste maintenant encore l'impôt sur les bougies et surtout le droit sur le papier, qui paraissent destinés à être supprimés quand la situation du budget le permettra.

— Il resterait encore quelques petits impôts, par exemple sur les cartes à jouer ; mais ils ne rapportent pas de fortes sommes, nous pouvons les négliger.

CHAPITRE IX

DOUANES.

« J'ai bien souvent entendu prononcer le mot douanes, dit Gaston, je l'ai rencontré aussi dans mes lectures, mais sans explications. Aujourd'hui nous parlerons douanes, car c'est son tour, je crois, et j'aurai toutes les explications que je voudrai.

— C'est en effet son tour : nous parlions des impôts de consommation ; or, la principale destination des douanes est de percevoir des impôts de consommation.

— Comment est-ce fait, la douane ? demanda Jean.

— Je sais comment c'est fait, répondit Gaston. Tout le long des frontières de terre et de mer, il y a des postes de douaniers. Les soldats des douanes arrêtent les contrebandiers et autres fraudeurs ; des vérificateurs constatent la nature des marchandises importées ; des receveurs perçoivent les droits, puis des préposés et inspecteurs de toutes sortes surveillent le service, pour que tout marche bien.

— Et pourquoi il y a-t-il des contrebandiers ? demanda Jean.

— Parce qu'il y a des gens qui espèrent trouver un profit à trangresser la loi. En important des marchandises clandestinement, ils ne payent pas les droits de douane et peuvent vendre ces marchandises un peu moins cher, par conséquent plus vite. Ces fraudes réussissent quelquefois ; mais, le plus souvent, les contrebandiers sont pris ; à la longue ils le sont toujours, et on les punit sévèrement. C'est en tout temps un métier pénible et dangereux, et nullement estimé.

— Comment les choses se passent-elles quand on agit régulièrement ?

— On fait spontanément sa déclaration, ou on vous demande si vous n'avez rien à déclarer. Lorsque un train de chemin de fer arrive à une station frontière, il s'arrête. Tous les voyageurs descendent et traversent les locaux de la douane, où l'on a apporté leurs bagages. Mais on a peu ou point de marchandises dans ses bagages ; ce sont donc les trains de marchandises qui sont l'objet d'un examen sérieux. La majeure partie des importations se fait par les ports de mer ; les douaniers vont visiter les navires pour vérifier les déclarations faites au bureau.

— Ces visites sont très désagréables.

— Je suis du même avis ; aussi, quand tout le monde sera honnête et dira spontanément la vérité aux bureaux de perception, il n'y aura plus de visites.

— Je crains bien qu'il ne se passe encore quelques années avant cet heureux jour où tout le monde sera honnête.

— En attendant, on ne devra pas se plaindre des inévitables vérifications.

— Je crois, dit M. Lefèvre, que, si on se plaint tant des vérifications, c'est qu'on n'aime pas payer l'impôt.

— Il doit y avoir de cela, dit M. Martin, mais il ne faut pas oublier non plus qu'il y a impôt et impôt.

— Sans doute, répond M. Lefèvre, et cela s'applique surtout aux douanes, dont les taxes se divisent naturellement en deux sortes de droits ou taxes : taxes fiscales et taxes protectrices.

— Les taxes fiscales ou droits fiscaux (c'est la même chose) ont uniquement pour but de procurer un revenu à l'État en imposant les marchandises importées. Parmi ces marchandises il en est précisément quelques-unes, « les denrées coloniales » (nom qui a cessé d'être exact), qui ont toujours paru « éminemment imposables ».

— Et pourquoi cela ?

— Il y a deux raisons : l'une, c'est que les denrées colo-

niales ont commencé par être une consommation de luxe ;
l'autre, c'est que ces denrées, qui sont devenues avec le
temps pour beaucoup de gens des objets de première nécessité, se consomment par petites portions à la fois et,
pour cette raison, peuvent supporter des droits assez
élevés et en somme rapportent beaucoup.

— Qu'est-ce qu'on appelle au juste denrées coloniales ?
demanda Jean.

— Il faut compter surtout ici, dit Gaston, le café, le
chocolat, le sucre de cannes, le poivre et les autres épices,
même le thé, bien qu'il vienne de Chine. Ce sont en effet
les plus importantes. Le café en fèves est coté 156 francs
les 100 kilos, cela fait 78 centimes le demi-kilo. Avant
la réduction des droits sur le sucre, le chocolat payait
104 francs. Le thé est porté à 208 francs les 100 kilos,
soit à 1 fr. 04 c le demi-kilo. On fait beaucoup de tasses
de thé avec 500 grammes de feuilles. Le poivre et le piment
supportent également 200 francs, le macis et les musca-
des sans coques, 312 francs, la vanille, 416 francs les 100
kilos.

« Ce ne sont là que des spécimens, le tarif est très
long, il s'applique à de nombreux objets.

— Nous venons de parler des droits fiscaux, mais
qu'est-ce que les droits protecteurs ?

— Extérieurement, ces droits ne se distinguent par rien des autres, ils sont sur la même listé ; je vais néanmoins vous les faire reconnaître. Je suppose que l'un de vous entre en France avec un gros rouleau de fil de fer pesant, mettons 100 kilos ; vous auriez à faire les mêmes opérations ou à remplir les mêmes formalités que si vous importiez 100 kilos de café. Il est pourtant certain que le droit sur le fil de fer est protecteur, ou renferme un élément de protection, tandis que le droit sur le café est fiscal.

— Mais à quoi reconnaît-on le caractère protectionniste de la taxe ?

— Il y a plusieurs moyens de le reconnaître : il faut avant tout retenir que les droits sur des produits qui n'ont pas leurs similaires — leurs semblables — en France, sont toujours fiscaux. Le droit sur le café est fiscal, car il ne pousse pas de café en France. Le droit sur le sucre est évidemment protecteur, car le sucre venant de l'étranger paye, outre les 40 francs dus par le sucre indigène, encore 12 fr. 50c. de droits de douane. Généralement on peut considérer comme droits protecteurs, les taxes que supportent les marchandises dont nous produisons les similaires.

— On n'a pas encore dit ce qu'est la protection, fait remarquer Jean.

— L'observation est juste, répond son père, mais l'explication est facile. La protection est représentée par les droits qu'on impose sur des produits étrangers afin de les renchérir, d'en faire monter le prix, pour qu'ils ne puissent pas faire aisément concurrence aux produits indigènes, ou, comme on, dit en un langage plus pompeux : « aux produits du travail national. »

— Je ne comprends pas encore, dit Jean.

— Tu comprends bien que la plupart des personnes aiment mieux acheter un objet à bon marché qu'à un prix élevé. Supposons maintenant qu'on fasse des souliers en Angleterre pour 10 francs et en France pour 11; si l'on imposait aux souliers anglais un droit de 2 francs, ils reviendraient (10 + 2 = 12) à 12 francs, ce qui serait 1 franc de plus qu'en France; il y aurait beaucoup de personnes qui préféreraient les souliers de 11 francs, simplement parce qu'ils coûtent moins.

— Il ne serait pas toujours sage, dit Gaston, de préférer les souliers de 11 francs. Si les souliers de 12 francs valent beaucoup mieux que ceux de 11 francs, s'ils sont plus beaux et plus durables, il peut y avoir avantage à payer plus, plutôt que moins, car on en aurait pour son argent.

— Dans ce cas, fit-on remarquer, la protection ne

serait pas assez forte; il faudrait augmenter les droits d'entrée.

— Jusqu'à ce que la bonne marchandise étrangère soit aussi chère, ou plus chère que tel produit indigène réellement médiocre, ou prétendu médiocre.

— Prétendu médiocre?

— Je veux dire par là que, contrairement à l'usage établi dans l'industrie et le commerce, les fabricants déprécient volontiers leurs marchandises quand ils s'adressent au Parlement. Ils ont l'habitude de se plaindre de toutes sortes de choses et de s'attribuer toutes sortes d'infériorités. Ils savent bien qu'en général on ne les croira pas; ils espèrent néanmoins qu'on en tiendra compte dans une certaine mesure. C'est autant de gagné.

— Mais nous autres, acheteurs, nous n'aimons pas trop cela, car ce n'est pas nous qui gagnons, puisque nous payons la différence.

— Ce qui me console, dit M. Lefèvre, c'est que la protection, me promet-on, n'est que pour un temps; d'ici à quelques années, notre fabrication aura fait tant de progrès que nous produirons aussi bien et mieux que tous les autres pays, et alors il n'y aura plus que des droits fiscaux.

— Nous n'avons parlé jusqu'à présent que des droits

d'importation, parce que ce sont les principaux, mais il peut y avoir aussi des droits d'exportation. Ils ne sont pas très répandus ni très nombreux. Généralement on favorise l'exportation, car on désire vendre « les produits du travail national », mais il y a deux ou trois cas où l'exportation supporte un impôt : 1° quand on veut garder une matière dans l'intérêt de ses propres fabriques; par exemple, on impose à la sortie de France les chiffons qui servent à faire du papier; 2° quand on a le monopole d'un produit, et qu'on est sûr de le vendre, même à un prix un peu plus élevé; 3° enfin certains pays encore peu civilisés imposent à la sortie leurs produits, parce qu'ils sont relativement à bon marché dans ces pays et que la taxe n'empêche pas de les vendre. Ces pays ne sauraient nous servir de modèle.

— Par conséquent, dit M. Martin, n'abusons pas des droits d'exportation.

— N'abusons de rien, répliqua M. Laurentin. C'est généralement un progrès de voir disparaître les droits d'exportation, comme ce fut un progrès de supprimer les droits de transit.

— Transit?

— Traverser un pays, c'est transiter. On payait pour cela autrefois. On a trouvé que c'était de la barbarie de lever un pareil péage. Au surplus, il y a tant de chemins actuellement, qu'on évite les pays peu hospitaliers. On trouve maintenant avantageux d'attirer le transit, parce qu'il rapporte des bénéfices en faisant travailler un certain nombre de personnes.

— Y a-t-il encore des prohibitions? demanda M. Martin.

— Peu. Autrefois l'importation de beaucoup de marchandises était prohibée, on voulait empêcher la concurrence; actuellement les rares prohibitions ont des raisons purement fiscales, sanitaires, peut-être politiques. Par exemple, l'État s'est réservé le monopole du tabac; il ne peut pas permettre l'importation du tabac à volonté; ou aussi, quand une épizootie a éclaté dans le pays importateur, on repousse les animaux qu'on amène de cette contrée, afin d'éviter la contagion.

— J'ai lu, dit Gaston, qu'à la douane se rattachaient beaucoup d'institutions, de services, de taxes assez compliquées, mais parfois curieuses.

— C'est vrai, répondit M. Laurentin. Ce qui est curieux, c'est qu'on cherche quelquefois à réunir des avantages qui semblent s'exclure. Vous tendez la main, mais immédiatement vous vous dites : Si je tends la main, on va attirer tout le bras. Et vous vous empressez de prendre des mesures contraires, vous vous faites attacher le bras à un arbre pour qu'il ne soit pas attiré. Mais le lien vous gêne, vous fait mal, vous cherchez une mesure contraire, vous cherchez à vous en débarrasser, cependant.., sans courir de danger, et ainsi de suite.

— Donnez-nous quelques exemples, dit M. Lefèvre.

— Volontiers, répondit M. Laurentin, j'ai l'embarras du choix. Je commencerai par l'entrepôt. Nous en avons déjà causé. Vous savez qu'il y a un entrepôt réel et un entrepôt fictif; l'un et l'autre reposent sur ce fait que les droits sont quelquefois si élevés que le commerçant ne peut pas les avancer. Voici un planteur du Brésil qui envoie un navire plein de café à un négociant du Havre. Ce planteur est bien obligé d'attendre le payement de sa marchandise jusqu'à ce que celle-ci soit vendue; l'État attendra-t-il de même pour l'impôt, qui s'élève peut-être à 400,000 francs? Et si le négociant ne pouvait pas vendre le café en France et était obligé de l'expédier ailleurs, lui rendrait-on les droits s'il les avait déjà payés? Avec l'entrepôt, la chose est simple ; la marchandise arrive, elle y entre sans payer les droits de douane (le petit droit d'entrepôt est le loyer du local). On peut venir prendre des échantillons, etc., la marchandise peut être vendue et passer de main en main au moyen d'un certificat de dépôt, dit warrant, et, tant qu'elle ne sort pas de l'entrepôt pour être mise en consommation, elle ne doit rien. Il est un certain nombre de cas où la marchandise est confiée au négociant ou au fabricant; il peut la garder chez lui en entrepôt fictif, mais non sans être surveillé. L'entrepôt est donc le contrepoids des droits élevés.

— Le fait de pouvoir ajourner le payement des droits jusqu'à la vente de la marchandise est un grand avantage pour le négociant, dit M. Lefèvre. D'ailleurs, souvent l'argent lui manquerait, et il ne ferait pas d'affaires.

— Prenons un autre exemple: l'importation temporaire. Supposons, je ne dis pas que cela est, je prends seulement une chose possible, supposons que l'Angleterre fasse à très bon marché une sorte de fer avec lequel on peut construire des navires, et que nous ayons une aptitude toute spéciale pour ce genre de construction qui nous garantisse la supériorité sur nos concurrents. Mais le fer anglais paye un droit en entrant en France; ce droit élève le prix du navire, et la cherté balance l'avantage de notre art. En pareil cas, l'industrie de la construction des navires demande la permission d'importer sans taxe du fer anglais brut, s'engageant à en réexporter une quantité correspondante après l'avoir travaillé; ce serait le moyen de lutter avantageusement contre les concurrents étrangers. Ce système d'importation temporaire s'applique à un certain nombre d'industries; il s'agit toujours de l'importation d'une matière brute et de l'exportation d'un produit fabriqué correspondant. C'est le certificat d'importation avec engagement d'exporter qui s'appelle *acquit-à-caution.*

— Je me rappelle que, de temps à autre, il en a été question dans les journaux, parce qu'on en a abusé.

— Je n'aime pas les abus, dit M. Martin, je préférerais réduire les droits.

— Hélas ! des abus existent un peu partout. Je parierais bien qu'il y en a même dans les systèmes de primes et de Drawback.

— Expliquez nous ces mots, cher voisin.

— La prime est une somme donnée à titre d'encouragement. Par exemple, on voudrait multiplier les expéditions de pêches lointaines, parce que cela exerce les marins ; on promettra aux armateurs disposés à les entreprendre tant par tonneau de jauge, et tant par matelot embarqué. Les primes sont une institution relativement simple ; mais le *drawback,* mot anglais qu'on peut traduire ici par *remboursement,* présente des complications. J'ai parlé tout à l'heure des importations temporaires, où la matière première entre sans payer de droit, mais on peut citer des cas où l'administration dit : commencez par payer vos droits d'importation ; quand vous exporterez le produits on vous remboursera les taxes que vous aurez avancées. Il y a d'autres cas encore. Les droits sur le sucre, sur l'eau-de-vie et sur d'autres objets de consommation ne sont dus que par les consommateurs français, par conséquent on les rembourse à la sortie. D'ailleurs, les taxes renchériraient les produits, et les empêcheraient de se vendre à l'étranger. Souvent même le fabricant est dispensé d'avancer les droits ; l'administration prend quelques mesures de surveillance, et contrôle la sortie.

— Je crois que nous pouvons nous arrêter là, dit M. Lefèvre ; les petits droits accessoires (droit de port, etc.), sont de peu d'importance en comparaison des droits d'importation sur les marchandises, et le tarif prouve que les taxes sont plus fréquentes que les exemptions, quoique beaucoup de personnes auraient préféré le contraire.

CHAPITRE X

LES MONOPOLES

« Il a été dit, rappela Gaston, que plusieurs impôts de consommation prennent la forme d'un monopole, mais je ne me rappelle pas bien si l'on a donné une raison en faveur de ce système.

— Une raison ? Elle est si simple que chacun doit la deviner, répondit M. Laurentin.

— Il faut surtout qu'elle soit forte, interrompit M. Martin, car le monopole est une chose bien désagréable.

— D'accord, dit M. Lefèvre, mais convenons que nous avons un peu de préjugé contre le mot, plus que contre la chose, car nous sommes plus disposés qu'il ne nous convient de l'avouer, de charger, d'accabler l'État de monopoles.

— L'État, passe encore, dit Martin, car l'État c'est nous, mais qu'on n'en donne pas aux particuliers.

— Sauf au nom de l'État, fit M. Laurentin.

— Avec tout cela, s'écria Gaston, j'ignore encore la raison.....

— La raison simple et forte, railla M. Martin.

— ...... qui fait établir les monopoles de l'État.

— Cette raison simple et forte, dit gravement M. Laurentin, qui fait établir les monopoles fiscaux, c'est que le monopole est le mode de perception le plus simple et le plus commode, celui qui produit le plus[1] et combat le mieux la fraude.

— N'y aurait-il pas d'autres moyens d'arriver au même résultat ? demanda M. Martin.

— Peut-être, répondit M. Laurentin, mais il y aurait alors d'autres inconvénients. Voyez, en Angleterre, on se borne à imposer un droit d'importation très élevé au tabac, mais la culture en est défendue. En France, la culture est permise, c'est une culture même très avantageuse, on la demande comme un privilège ; pourquoi adopterions-nous la méthode anglaise de préférence à la nôtre ?

— Je n'en vois pas la raison, dit M. Lefèvre.

— Ni moi non plus, continue M. Laurentin. Dans d'autres pays on a imaginé d'autres procédés ; ils me semblent plus vexatoires que le nôtre, et surtout, moins productifs.

---

1. Pour ne citer qu'un détail : si l'on remplaçait le monopole par un impôt sur le produit de l'industrie privée, le public aurait à rembourser cet impôt et en outre à payer le bénéfice du fabricant ; dans le monopole, le bénéfice profite à la nation, il se confond avec l'impôt.

Une fois qu'on imagine un impôt, il faut le rendre productif, c'est sa plus importante qualité.

— Je fais mes réserves ! s'écria M. Martin.

— Je vous en donne acte, répond M. Laurentin en souriant ; seulement, avant de vous fâcher, réfléchissez-y : j'ai dit que c'était une grande qualité, pour un impôt, de rapporter beaucoup, mais je n'ai pas soutenu qu'un impôt productif n'avait pas de défaut. Il peut en avoir, et de sérieux ; il s'agira seulement d'examiner si les qualités ne l'emportent pas sur les défauts.

— Il est certain, dit M. Lefèvre, qu'il est difficile de trouver une matière mieux faite pour supporter un impôt que le tabac. Fumer, c'est une chose inutile ; des médecins soutiennent même que c'est nuisible ; personne n'est obligé de fumer ; par conséquent, celui qui tient à sa pipe, à son cigare, à sa prise, ou à sa vilaine chique....., qu'il paye, et beaucoup. Je n'ai pas la moindre pitié pour les fumeurs, et vous savez pourtant que, moi aussi, je suis de la bande des consommateurs de tabac.

— Le tabac est en effet le plus important des monopoles fiscaux, dit M. Laurentin, et je ne cache pas que j'en suis partisan.

— Il a été dit tout à l'heure, rappela Gaston, que la culture du tabac est permise en France, cela me surprend.

— Et pourquoi cela ? demanda-t-on.

— Parce que, si chacun cultivait son tabac, l'État n'en vendrait pas, fut la réponse de notre jeune ami.

— Il ne faudrait pas croire, fit remarquer son père, que l'État ne s'est pas rendu compte de ce fait, aussi tout le monde ne peut pas cultiver son tabac.....

— Mais......

— Attends, tu vas voir. La culture du tabac est permise, mais pas partout, ni à chacun. Elle est autorisée dans quinze départements : Alpes-Maritimes, Bouches-du-Rhône, Dordogne, Gironde, Ille-et-Vilaine, Lot, Lot-et-Garonne, Meurthe-et-Moselle, Nord, Pas-de-Calais, Haut-Rhin (Belfort), Haute-Saône, Savoie, Haute-Savoie, Var. Elle est permise, à titre d'essai, dans certaines régions des départements de l'Isère, des Landes, de la Meuse, du Puy-de-Dôme, des Hautes-Pyrénées et des Vosges. Ce sont les contrées où le tabac, qui est une plante exigeante, vient le mieux. Les départements sont désignés par décret.

— Et qui désigne les cultivateurs?

— On ne les désigne pas, ils s'offrent, ils sollicitent la permission de cultiver. Dans chacun de ces départements il y a une commission présidée par le préfet et dont font partie des agents de l'administration des tabacs. Ce sont en réalité ces agents qui décident, car ils savent ce qu'il leur faut. Le ministre fixe annuellement le nombre d'hectares à cultiver et les distribue par département.

— Et les commissions départementales font la distribution entre les cultivateurs du département ?

— C'est cela. Les concessions ne sont jamais de moins de 10 ares, sans cela la surveillance serait trop pénible.

— Il y a donc surveillance ?

— On surveille même de très près. On fixe le nombre des pieds par are, le nombre des feuilles par pied, que sais-je, et l'on va vérifier ; la fraude est difficile.

— Et quand le tabac est mûr, qu'est-ce qui arrive ?

— L'État l'achète au prix qu'il a fixé, ou il en permet l'exportation.

— Je trouve exorbitant que l'État fixe le prix, dit M. Martin.

— Il ne doit pas le fixer par trop bas, fait remarquer M. Laurentin, puisqu'il y a tant d'amateurs. D'ailleurs personne n'est forcé de cultiver du tabac, et, comme l'État a le monopole, il est naturel qu'il fixe le prix.

— Enfin, l'État a emmagasiné tout le tabac qui a été cultivé pour lui, dit Gaston ; que fait-il ensuite ?

— Il fait fabriquer le tabac dans ses manufactures. On ne fume pas les feuilles sans préparation ; il faut les macérer, couper, rouler en cigares, pulvériser, que sais-je ?

— Combien y a-t-il de fabriques ou manufactures ?

— Il y en a deux à Paris (Gros-Caillou et Reuilly), une à Morlaix, au Havre, à Toulouse, Bordeaux, Tonneins, Marseille, Lyon, Lille, Nantes, Châteauroux, Dieppe, Nancy, Riom, Dijon.

— La fabrication du tabac est assez compliquée ; nous en avons eu le spectacle lors de l'exposition universelle. Vous savez, ajoute M. Lefèvre, je suis allé à Paris en 1878. Mais la fabrication n'intéresse pas l'impôt, c'est la vente qui est importante au point de vue fiscal.

— La vente se fait chez les marchands de tabacs ? demanda Jean.

— Naturellement, mais on ne peut pas se faire à volonté marchand de tabac, comme on pourrait prendre telle autre profession. Il s'agit toujours de la perception d'un impôt, et la surveillance est nécessaire; le gouvernement autorise donc spécialement des individus disposés à vendre du tabac. On a l'habitude de dire : le gouvernement donne un bureau de tabac ; il ne donne pas le bureau, mais l'autorisation d'en ouvrir un, en ayant soin de ne pas trop multiplier les bureaux, pour que les titulaires puissent vivre de leur commerce.

— Et à qui les donnne-t-il ?

— De préférence à des personnes dont les parents, le

mari, etc. ont été au service de l'État, ont souffert pour le pays ou ont un titre quelconque à cette faveur. C'est une commission qui examine les titres. En fait, ces bureaux échoient souvent à des veuves ou à des orphelins d'officiers.

— Est-ce que ces dames se font marchandes de tabac?

— Je crois que c'est rare ; elles louent leurs bureaux à des personnes qui les exploitent et leur payent une rente.

— Gagnent-ils beaucoup, les marchands de tabac ?

— Cela dépend des circonstances. L'État leur fait une petite remise, c'est-à-dire leur vend le tabac à un prix moins élevé que celui auquel il est donné au public.

— Voilà une perception bien simple, dit M. Lefèvre. Le marchand vient chez le dépositaire ou « entreposeur » de tabac, lui achète, je suppose, pour 100 francs de cigares, qu'il paie 90 ou 95 francs, et l'affaire est faite pour le trésor. Elle sera faite pour le marchand, quand il aura vendu les cigares et réuni les 100 francs.

— Cela fait 90 ou 95 francs d'impôt sur 100 francs, dit Jean.

— Et le tabac, donc, s'écria Gaston, le gouvernement l'a-t-il pour rien ?

— Je pense que, sur 90 francs, il y a 60 et quelques francs d'impôt; le reste est pour le tabac. Ce serait, peut-être, 65 francs net sur 90 francs brut.

— Le tabac n'est pas le seul monopole qui existe en France, dit M. Martin.

— Il y a aussi le monopole des poudres à feu.

— En parlant des tabacs, dit M. Laurentin, j'aurais dû vous-dire que la fabrication se fait par le service des manufactures et la vente par le service des contributions indirectes, chacun de ces services étant une direction générale au ministère des finances. Les poudres sont également vendues par l'entremise du service des contributions indirectes, mais la fabrication se fait sous l'autorité du ministère de la guerre. Du moins en est-il ainsi de nos jours.

— La poudre, fait observer M. Lefèvre, est un monopole qui ne présente pas uniquement un intérêt fiscal, comme le tabac, il y a aussi des motifs de sécurité publique. On ne peut pas, sans autorisation spéciale, avoir chez soi plus de 2 kilos de poudre à feu.

— On n'en a pas déjà tant besoin pour la chasse, puisque le gibier est rare, fit M. Martin.

— On a besoin de poudre aussi dans l'industrie, surtout dans les mines.

— On se sert maintenant plutôt de dynamite, une nouvelle matière explosible.

— Est-ce qu'elle supporte également un impôt ?

— C'est évident, puisque c'est une concurrence à la poudre. Si j'ai bien retenu, l'impôt est de 2 francs par kilogramme. Ici le chiffre de l'impôt a pu être fixé nettement, parce que la matière n'est pas fabriquée par le gouvernement, mais par des personnes autorisées et dont les ateliers sont surveillés par un agent.

« La vente de la poudre et de la dynamite a lieu par l'entremise du service des contributions indirectes, dans des débits autorisés. Les acheteurs de ces matières dangereuses doivent donner leur nom et leur adresse.

— Nous oublions les allumettes chimiques, dit Gaston, c'est là aussi un monopole fiscal.

— Depuis 1872, dit M. Laurentin. Je ne sais si ce monopole durera aussi longtemps que les autres, car les monopoles, même celui du tabac, ne sont concédés à l'État que pour un temps, au bout duquel la question est toujours considérée à nouveau.

— Et pourquoi le monopole des allumettes ne durerait-il pas comme les autres ?

— Il a d'abord le défaut de ne pas rapporter beaucoup; le produit n'en vaut pas l'impopularité, ou, comme on s'exprime plus couramment: le jeu n'en vaut pas la chandelle. Peut-être le public a-t-il tort — cela lui arrive quelquefois d'avoir tort, parce qu'il ne réfléchit pas assez — mais enfin le pli est pris. La seconde objection est tirée du fait que le gouvernement n'exploite pas lui-même le monopole, il l'a affermé à une compagnie, qui paye seize millions par an. L'État ne court aucune chance par la vente des allumettes, mais la compagnie n'a de bénéfice que si ses recettes dépassent ce chiffre. Si elle vendait annuellement plus de 42 milliards d'allumettes, elle devrait à l'État 6 centimes par 100 allumettes vendues en plus. Quoiqu'il en soit, on n'aime pas affermer un impôt.

— L'impôt s'élève donc à un minimum de 16 millions, que l'État ne perçoit pas directement sur le contribuable.

— Et qui est le contribuable ici ? demanda Jean.

— Celui qui se sert des allumettes, celui qui les consomme, répond Gaston.

—Évidemment, puisqu'il s'agit d'un droit de consommation. »

CHAPITRE XI

POSTES ET TÉLÉGRAPHES.

Il avait été question, dans une conversation antérieure, d'impôts qui prennent la forme d'une rétribution pour un service rendu. Gaston, en revenant sur cette matière, fit remarquer que le tabac présentait un peu ce caractère, car le contribuable obtenait du tabac ; on lui procure donc la matière à fumer, en la faisant payer un peu cher, il est vrai, mais enfin, il n'a pas donné son argent pour rien.

On n'admit pas cette manière de voir, car ce n'était pas un service qu'on demandait à l'État, mais un objet de consommation. Un service qu'on rend, c'est plutôt un travail qu'on fait à votre place ; par exemple, vous avez une communication à faire à quelqu'un et vous ne pouvez vous rendre chez lui, vous lui écrivez : qui portera la lettre ? Vous songerez peut-être à envoyer un exprès : si c'est pour la rue à côté, le message coûtera 1 fr.; pour aller à Marseille, on demandera 2 ou 300 fr.; pour Saint-Pétersbourg, il faudrait peut-être donner

1,000 francs, sans parler de l'Amérique, ni de l'Inde ou de la Chine. L'État se charge de la besogne, il le fait pour tout le monde, s'entend avec les autres pays, établit une organisation grandiose, et, par une série de progrès et d'améliorations, il arrive à pouvoir expédier nos lettre pour 15 centimes jusqu'à Marseille, pour 25 centimes jusqu'à Saint-Pétersbourg, pour 35 centimes au delà des mers, jusqu'où vous voudrez. Je dirais : jusqu'au bout du monde, si cette expression pouvait s'appliquer à un globe comme la terre.

— Les plus étonnants progrès sont peut-être dus à l'idée du prix uniforme et très bas, dit M. Lefèvre.

— Et comment les prix étaient-ils autrefois ? demanda Gaston.

— Il y avait un tarif par distances ; plus le chemin à parcourir était long, plus la taxe était élevée.

— Mais cela n'était pas injuste.

— Certainement non ; mais la méthode opposée ne l'est pas non plus, et avec cela la taxe est moins élevée. La méthode opposée, vous l'avez compris, c'est l'égalité des prix. Le législateur a fait une moyenne; il s'est dit : pour 15 centimes par lettre, je puis me charger de la besogne et faire un bénéfice convenable au profit de l'État. Il peut d'autant mieux le faire que les chemins de fer sont tenus à se charger gratuitement des transports. Au fond, l'État n'a pas plus de dépense en transportant une lettre de Paris à Orléans que de Paris à Marseille, quoique cette distance soit 6 fois plus grande, et au delà.

— Y a-t-il longtemps que ce système a été établi ?

— Il a été introduit en Angleterre en 1840, par sir Rowland Hill, et en France en 1849 ; mais il a subi depuis cette époque d'importantes modifications.

— Actuellement, l'administration des postes est dirigée par un ministre, qui tient en même temps le télégraphe dans ses attributions.

— On tend de plus en plus à améliorer le service des postes et aussi celui des télégraphes. Pour la poste, que peut-on désirer de plus ? toute lettre simple coûte 15 centimes, n'est-ce pas facile à retenir ?

— Qu'est-ce qu'une lettre simple ?

— Qui ne pèse pas plus de 15 grammes ; la lettre paye en proportion de son poids.

« Mais la taxe de 15 centimes ne s'applique qu'à la France. Sauf quelques exceptions, la taxe est de 25 centimes pour les États de l'Europe et pour les États-Unis, et de 35 centimes pour les pays d'outre-mer.

— Il s'agit, pour les pays d'outre-mer, de ceux qui font partie de l'union postale ; les autres, très peu nombreux, d'ailleurs, sont soumis à une taxe spéciale plus élevée. Ces pays n'ont qu'à déclarer qu'ils désirent entrer dans l'union postale pour être soumis aux mêmes conditions que les autres.

— L'union postale?

— C'est l'entente entre les différents pays et l'établissement de règles et de prix uniformes.

« Cette union a donné l'impulsion à un certain nombre d'améliorations ; mais chaque État a travaillé ensuite de son côté à perfectionner ses services. On a augmenté le nombre des levées et des distributions de lettres, accru le nombre des facteurs, donné des bureaux de poste aux communes qui n'en avaient pas, diminué les prix pour les envois d'argent, facilité les payements d'un pays à l'autre, chargé les facteurs du recouvrement des dettes, sans parler des autres améliorations.

— Il y a une chose qui ne me plaît pas dans le nouveau système, dit M. Martin.

— Qu'est-ce?

— C'est la presque nécessité d'affranchir. Une lettre non affranchie coûte presque toujours le double. Si quelqu'un me demande un service, pour lui répondre et l'informer que le service est rendu, il faut que je fasse en même temps une dépense.

— Vous n'en avez que plus de mérite, lui répondit-on en riant.

— Une plaisanterie n'est pas une raison, répliqua M. Martin.

— La raison est qu'une lettre non affranchie cause plus de travail à la poste, dit M. Laurentin.

— Je ne suis pas convaincu que la raison soit bonne, fit M. Martin. Si l'on demandait 5 centimes de plus, cela irait encore. Mais le double, c'est trop.

— Est-ce qu'on paye aussi le double pour un télégramme non affranchi? demanda Gaston.

— Pour les télégrammes l'affranchissement est obligatoire, fut la réponse.

— Est-ce cher un télégramme? demanda Jean.

— Pour la France, c'est 5 centimes par mot; mais le minimum est de 50 centimes par dépêche.

— C'est-à-dire que c'est 5 centimes par mot au delà de dix.

— Et le même prix, quelle que soit la distance.

— Quel est le prix pour l'étranger?

— Cela dépend, les prix ne sont pas les mêmes; le plus souvent, c'est 20 centimes par mot en Europe.

— Ce qui est agréable, c'est qu'on peut payer d'avance pour la réponse; alors on met : « Réponse payée. »

— On a maintenant aussi des cartes postales avec réponse payée. Une carte postale est une sorte de lettre ouverte qui ne coûte que 10 centimes, tant pour la France que pour l'étranger; pour 20 centimes on a des cartes doubles : l'une est destinée à recevoir réponse. On la détache, on écrit ce qu'il faut et on la met à la poste. C'est très commode.

Mais le télégraphe n'a rien qui soit analogue aux envois sous bandes; en imprimés ou manuscrits autres que lettres, mis sous bandes, on envoie 50 grammes pour 5 centimes.

— Décidément, les correspondances ne sont pas chères aujourd'hui.

— Aussi, ne s'en prive-t-on pas ; les relations de famille et d'affaires en profitent, les correspondances se multiplient, et l'on en est arrivé à prendre le nombre des lettres comme l'un des thermomètres de la prospérité publique. »

CHAPITRE XII

LES IMPOTS DÉPARTEMENTAUX ET COMMUNAUX.

« Nous n'avons causé jusqu'à présent, dit Gaston, que des impôts ou contributions qui entrent dans les caisses de l'État, mais nous savons aussi que les départements et les communes ont également des caisses, et il serait intéressant d'examiner comment ils les remplissent.

— Sans doute, dit M. Martin, mais nous n'en avons pas fini avec l'État, car nous avons omis les centimes additionnels.

— Eh bien, consolez-vous, cher voisin, dit M. Lefèvre en souriant, nous allons les retrouver, ils ne manquent ni dans les départements, ni dans les communes.

— L'État ne s'en prive pas non plus, dit M. Laurentin, mais il en use modérément, et encore n'a-t-il pas toujours mérité ce compliment. Il est superflu de dire que les centimes sont une des formes sous lesquelles on augmente les impôts. C'est peut être la forme la plus commode, et c'est en tout cas une forme rationnelle, ou logique, conforme à la raison. La création d'un impôt nouveau, et toute répartition nouvelle d'un impôt établi présentent des difficultés et des inconvénients ; l'addition de quelques centimes fait éviter les unes et les autres. Vous payez *tant ;* mettez-y 10 centimes par franc ou 10 centièmes (10 pour 100) en plus ; dans les contributions indirectes on dirait « un décime » et, pour 5 centimes, on mettrait « un demi-décime ». Cette augmentation de 5 0/0 est le minimum en ces matières. Dans les départements et les communes, il n'est pas question, que je sache, de décimes ; on exprime le nombre des centimes.

— C'est qu'il y en a quelquefois 3 ou 4, dit Gaston.

— Parce que, ajoute M. Lefèvre, il faut adapter exactement le nombre des centimes aux besoins qu'il s'agit de satisfaire. Ainsi on sait combien rapporte chaque impôt, et surtout chaque impôt direct, dans le département ou dans la commune ; on en déduit la valeur du centime. Si 1 centime additionnel vaut, ou rapporte 100 francs, et que la commune ait besoin de 750 francs, elle fixera à 7 1/2 le nombre des centimes nécessaires.

— Voilà, en effet, comment les choses se passent. Toutefois, il y a des centimes additionnels prévus dans les lois. Non que la loi oblige précisément les communes de s'en charger, souvent il est dit qu'ils ne viennent qu'à défaut d'autres ressources : la loi se borne à autoriser les communes à s'imposer des centimes et à en déterminer le nombre sans dépasser le maximum.

— Il y a des centimes généraux et des centimes spéciaux ; les centimes généraux n'ont pas de destination particulière, leur produit s'ajoute aux autres ressources de la commune et les augmente d'une manière absolue ; les centimes spéciaux ont un emploi prévu, dont il est rarement permis de les détourner.

— Les départements et les communes ont-ils encore d'autres revenus que les centimes additionnels ?

— Les départements n'ont, en dehors des centimes, que les produits de leurs propriétés et quelques revenus éventuels ; par exemple, pour la copie d'actes déposés aux archives, quelquefois pour un bac sur une rivière, quelquefois aussi le produit d'amendes.

— Mais les communes ?

— C'est autre chose. Il y a là une certaine variété de ressources qui ressemble de loin à celle de l'État. Il y a les propriétés ou biens patrimoniaux ; il y a ensuite les impôts directs, représentés par les centimes additionnels ; puis les contributions indirectes, surtout les impôts de consommation ; enfin les taxes pour services rendus.

— A Monteaux, nous n'avons que deux de ces caté-
gories de revenus : nous avons une forêt, dont le bois est
vendu au profit de la caisse municipale, et puis les centimes additionnels, voilà tout.

— Vous oubliez l'expédition d'actes de l'état civil, ce
qui est une taxe pour service rendu, puis la taxe d'inhu-
mation.

— C'est dans les grandes villes qu'on trouve la totalité
des impôts et taxes, et c'est là aussi qu'on trouve le plus
de propriétés. Tel village possède un bois ou un autre
immeuble de temps immémorial, son seul mérite consiste
à le conserver ; dans les villes, les propriétés s'accu-
mulent comme résultat de l'épargne. Par exemple : la cité
veut construire un grand marché couvert dont elle louera
les places ; elle emprunte un million et dépense 60,000 fr.
par an pour les intérêts et l'amortissement du capital.
Pendant les 40 ou 50 ans que dure cet amortissement, les
centimes additionnels payés par les habitants sont comme
de l'argent mis à la caisse d'épargne pour leurs enfants,
et, au bout de cinquante ans...

— Cinquante ans! c'est beaucoup !

— Qu'est-ce que 50 ans pour une ville? Paris a bien
2,000 ans, Rome est âgée de 2,500 ans, Athènes remonte
peut-être un peu plus haut, Jérusalem date de plus loin

encore; comment, mais j'ignore même son âge à 100 ou 200 ans près.

— C'est une plaisanterie, dit Jean.

— En apparence seulement, le fond est très exact; 50 ans n'est pas la même chose pour une ville que pour un homme, — et, quand le marché est payé, elle possède une propriété productive de revenus en plus. Supposons que ce marché rapporte net 30,000 francs, du moment qu'il les rapportait, il fallait cela de moins en centimes additionnels.

— Les villes peuvent avoir une distribution d'eau, du gaz, un poids public et beaucoup d'autres choses, sans compter les écoles et les hôpitaux, qui doivent coûter et non rapporter.

— Il ne faut pas oublier les ressources que les grandes villes tirent de leur voie publique, rues et places.

— Je crois qu'elles en abusent un peu, dit M. Martin.

— Peut-être. Mais le sol des rues leur appartient. Elles ne peuvent pas empêcher les gens de se servir de la voie publique; elle est à la disposition de tout le monde pour aller et venir, mais non pour s'arrêter, ou mieux, pour stationner. Si vous voulez mettre un étalage dans la rue, si vous faites stationner des voitures sur une place publique, la ville à droit à une redevance, et, pouvu qu'elle soit modérée, il y a rien à dire.

— Dans quelle catégorie faut-il classer ce revenu ?

— Nous avons le choix. Nous pouvons considérer le sol comme une propriété productive de revenu ; nous pouvons aussi considérer le revenu comme une rétribution perçue par la ville pour service rendu, et j'aime mieux cette interprétation, car le sol des rues n'est pas destiné à être autre chose qu'un moyen, un instrument, et non pas un capital produisant des intérêts.

— Les impôts de consommation des villes sont généralement réunis sous le nom d'octroi.

— Vous savez, dit M. Martin, que je suis un adversaire de l'octroi.

— Oh! nous le savons bien, dit M. Lefèvre.

— Et j'ai raison de l'être.

— Vous croyez, dit M. Laurentin, que les ouvriers n'y trouvent pas leur compte ; c'est une erreur de votre part. L'octroi renchérit la vie, mais motive l'accroissement des salaires, il y a donc compensation pour eux. Si l'octroi était une chose si nuisible, on ne verrait pas tant d'ouvriers des campagnes accourir à la ville pour tâcher de s'y fixer.

— Je ne tiens pas autrement à l'octroi, dit M. Lefèvre

mais les impôts par lesquels on voudrait les remplacer ne valent pas mieux.

— Il y aurait moins de fraude.

— Ce n'est pas certain. L'homme qui est disposé à frauder tromperait à l'occasion de n'importe quel impôt.

— Les frais de perception sont élevés.

— Cela est vrai dans les petites villes, mais cet inconvénient va en diminuant ; il est faible dans une immense cité comme Paris.

— Si on remplaçait l'octroi par un impôt direct, un grand nombre d'électeurs s'exempteraient de l'impôt. On l'a vu dans d'autres villes : ou ils sont insolvables, ou ils déménagent, et on ne les retrouve plus, ou ils échappent d'une autre façon. Alors les gens établis payent pour eux.

— Que les riches payent !

— Leur part, oui, et leur part doit être proportionnelle à leur fortune, mais il est aussi injuste de leur en demander trop que pas assez.

— Si, dans une ville, on commet des injustices, les personnes lésées vont souvent demeurer ailleurs, et cette émigration n'est pas avantageuse pour la ville abandonnée.

— En somme, dit M. Lefèvre, la question est bien difficile, celui qui examine la chose à fond s'en aperçoit.

— Elle est en effet bien difficile, dit M. Laurentin ; j'ai étudié ce qu'on a fait dans différents pays voisins, et ne trouve pas leur système préférable au nôtre. Du reste, nous ne sommes pas chargés d'inventer un autre système ; c'est fort heureux, car nous ne satisferions pas mieux le contribuable que la loi existante. Nous sommes aisément persuadés qu'il faut supprimer l'impôt qui nous déplaît, parce que nous en sentons la charge ; mais il est difficile de nous convaincre que le nouveau est bon.

— En tout cas, ajouta M. Lefèvre, on aimera mieux payer l'impôt en détail qu'en gros, ou, comme disait mon cousin, on aime mieux porter du cuivre chez le marchand que de l'or chez le percepteur. »

On revint encore souvent sur ces questions chez les amis dont j'ai reproduit les conversations ; mais, pour éviter les redites, je ne les rapporterai pas. On trouvera le nécessaire dans d'autres petits livres, dont l'un porte le titre de LE BUDGET ou aussi dans les volumes LA FRANCE, LE DÉPARTEMENT, LA COMMUNE, PARIS. Pour moi, qui ai suivi tous ces entretiens, j'y ai appris que dans cette organisation si complexe et si compliquée qu'on appelle *les Finances*, il n'y a pas le moindre caprice : tout est

bien médité et arrangé autant que possible pour le mieux.
Cela ne veut pas dire que l'organisation soit sans défauts ;
le proverbe l'a dit : Il n'y a rien de parfait sous le soleil,
et ce proverbe nous apprend implicitement pourquoi rien
ici-bas ne peut satisfaire tout le monde. Il y a toujours
quelqu'un qui souffre des défauts. Ne croyez pas que
les défauts disparaîtront jamais ; si vous faites le contraire de ce qu'on a fait jusqu'à présent, les défauts au-
ront changé ; mais il y aura toujours des défauts. Le
trop grand froid et la trop grande chaleur sont également nuisibles ; ne dit-on pas : les extrêmes se touchent ?

Vous devinerez sans doute pourquoi je fais ce petit
discours final, cette « péroraison ». C'est pour qu'on
se méfie un peu de ceux qui offrent un système sans
défaut. On devrait être plus modeste et ne parler que de
simples améliorations. C'est déjà beau de faire disparaître
quelques inconvénients. Si l'on se présentait avec moins de
prétention, on serait, je pense, plus souvent écouté. C'est
notre devoir à tous de tendre vers le progrès, sans
relâche, mais en ouvrant les yeux, en cherchant, en exa-
minant, en étudiant sans cesse.

C'est ainsi qu'on fait œuvre de bon citoyen.

FIN

TABLE ALPHABÉTIQUE DES MATIÈRES

Châteauroux — Imp. Nexat, MAJESTÉ, successeur

www.ingramcontent.com/pod-product-compliance
Lightning Source LLC
Chambersburg PA
CBHW060819250626
47162CB00005B/1861